Petra Jahrend   Lipœdème aimer vivre pleurer

Pour Merle

Tu es le diamant le plus brillant et le plus merveilleux qu´une
maman puisse porter dans son cœur

Avec tout mon amour

Ta maman

Petra Jahrend

Lipœdème : aimer vivre pleurer

Le quotidien avec le lipœdème

Edition : Books on Demand,

12/14 rond-Point des Champs-Elysées, 75008 Paris

Impression : BoD - Books on Demand, Norderstedt, Allemagne

ISBN : 9782322161607

Dépôt légal : octobre 2018

ISBN : 9782322161607

Conception de la couverture : Petra Jahrend

Image de couverture :   Aylina Krahn

Layout :   Merle Jahrend

Les photos :   Petra Jahrend, Pia Rockelmann,

                                Frank Borchert, Michaela Kern

Ecrire ce livre ne m´a pas été facile.

J´y raconte en effet différents passages de ma vie qui ont été parsemés de deuil, de joie et d´espoir, mais aussi de situations intimes. Cela m´a demandé beaucoup d´efforts. J´appréhende le jour de la publication de ce livre. Il y aura des personnes qui ne comprendront pas notre maladie.

Celles qui hausseront les sourcils quand elles liront ce livre.

Mais je pense aussi qu´il est important que j´écrive sur ma vie avec le lipœdème. Il est temps que plus de femmes encore se reconnaissent dans mon histoire et qu´elles cherchent de l´aide.

A travers ce livre, j´aimerais montrer aux jeunes femmes qu´elles doivent profiter de la chance qu´elles ont, de connaître leur maladie plus tôt que moi je ne l´ai fait, qu´elles ont de meilleures possibilités que les miennes et qu´elles peuvent être aidées.

J´espère de tout cœur que les femmes qui n´ont pas eu de diagnostic pendant des années et qui ont aujourd´hui de gros problèmes de santé se reconnaitront et que, peut-être, elles ne se sentiront plus si seules.

Préface

La vie est remplie d'embûches mais, la roue tournera toujours. C'est tout du moins ce qu'on dit souvent. Et c'est bel et bien vrai. Dans toutes les familles, il y a des chagrins, des soucis que ce soit à cause d'une maladie ou d'un manque d'argent ou bien encore d'autres raisons. On se plaint de la perte de gens qui nous sont chers. Et nous sommes tristes quand on ne va pas bien.

Souvent, j'entends dire que, nous les Allemands, nous nous plaignons et râlons pour un rien et que nous ne savons pas à quel point nous sommes bien lotis.

Il y a des fois, je partage cette opinion. Je me dis : Je me porte bien, la vie est belle tout de même. Que je souffre d'une maladie mais que je n'en mourrai pas. Qu'il y a plus grave que les douleurs et l'exclusion, la moquerie et d'être mal vue.

Mais, quand je n'arrive plus à monter les escaliers. Quand, j'ai l'impression que je ne me sens pas bien dans ma peau, alors c'est à ce moment-là que je me dis : D'autres vont plus mal que toi, oui, certes, mais j'ai bien aussi le droit d'aller bien. Le droit d'avoir moins de douleurs et de ne pas être jugée par une société pour une chose à laquelle je n'y peux rien.

Et puis, ensuite, j'admire ces femmes qui souffrent du lipœdème et qui demandent de l'aide. Qui se battent jour après jour contre les préjugés et contre les douleurs. J'admire ces femmes qui ne baissent pas les bras face à la maladie.

Celles qui se lèvent tous les matins pour partir au travail. Celles qui, fatiguées, rentrent le soir pour s'allonger sur le canapé et élever leurs jambes. J'admire ces femmes qui arrivent, comme moi, à sourire et à se montrer en société.

Et, c'est peut-être la raison pour laquelle, cette maladie est un peu plus connue qu'à « mon époque ». Et, si je peux apporter « un petit plus » de par mon histoire, alors écrire ce livre est une bonne raison.

Les femmes souffrant du lipœdème sont des battantes.

Elles se lèvent tous les matins avec le défi de vivre avec cette maladie.

Nous aimerions tellement faire partie de la société et être acceptées purement et simplement comme nous sommes. Dans ce livre, je serais transparente et directe. J'aimerais montrer que chaque jour est une belle journée. Montrer que je savoure chaque instant de ces journées même si ce n'est pas toujours facile.

J'aimerais remercier ma famille qui m'accepte telle que je suis, avec tous mes défauts. Elle me supporte jour après jour, et endure mon humeur. Et j'aimerais remercier mon mari. C'est lui, qui, toujours et toujours, m'encourage, à écrire ce livre jusqu'à la dernière ligne. C'est lui aussi, qui est là pour me réconforter quand on m'insulte sur les réseaux sociaux.

Je remercie ma fille, qui aussi souvent qu'elle le peut, est à mes côtés. Merle a une forte personnalité, et je suis très fière de mon petit poussin.

J'aimerais aussi remercier Jan : Pour ses critiques, pour ses remarques justes et pleines de sens et qui m'ont rendues encore plus fortes.

Je remercie aussi ma mère qui m'a épaulée depuis le début, qui s'est battue avec moi et ce depuis les bancs de l'école.

Je vous aime !

De par mon travail bénévole comme responsable de l'association d'entraide « Wendland Lily », j'ai eu déjà le plaisir et la chance de rencontrer beaucoup de personnes. Elles enrichissent, toutes, ma vie. Tous les jours, j'en apprends aussi plus sur la maladie. Et j'en suis profondément reconnaissante. Je suis aussi reconnaissante pour toutes ces journées passées avec ces personnes. Je me sens liée avec ces personnes, ce lien est même très fort avec certaines.

Je tiens enfin à dire merci aussi aux femmes qui me traitent de menteuse face à la maladie, qui m'écrivent des messages odieux et qui me menacent sur ma page Facebook. Ces attaques me rendent plus fortes et confirment que je suis sur le bon chemin. Et ce que je fais, est juste et bon.

« Les gros ont de grosses jambes, les gros transpirent comme des cochons ! »

Toute ma vie, je suis pourchassée par la tristesse, la rage et le désespoir.

Depuis 1975, je pense obstinément à ce que mes petites copines de classe me répétaient. J'étais en CM2 à l'école primaire et notre professeur des écoles avait eu l'idée de faire une excursion à la fin de l'année scolaire. Vers 8 heures, nous étions déjà en route vers Hanovre. Nous devions aller au lac de Steinhude. Pendant les deux heures et demie de trajet, l'ambiance était détendue et tout le monde était content d'y aller. A peine descendues du car, nous nous empressions de vouloir aller à l'eau. Le soleil reflétait à la surface de l'eau et les petites vagues, que le vent faisait danser sur l'eau, ressemblaient à de petites étoiles.

Tout semblait si calme et serein. L'ambiance dans la classe était bonne et conviviale. Une belle journée s'annonçait être en perspective, mais, pas pour moi malheureusement.

Notre professeur avait loué de petites barques qui devaient nous mener sur l'île Wilhelmstein. Plusieurs filles de la classe s'étaient déjà assises dans une barque. Elle s'étaient déjà moquées de moi à maintes reprises, cela m'avait rendu malade. Et, il arriva ce que j'appréhendai. Quatre filles montèrent en premier dans la barque. J'étais la dernière à monter. En voulant mettre mon pied dans la barque, elles firent tanguer la petite embarcation de gauche à droite si bien que j'avais du mal à garder mon équilibre. Aussitôt assise, une des filles me jeta à la figure des gouttes d'eau. Je pris cela de façon amusante et rit avec elles. Pour quelques instants, tout était redevenu calme et serein.

Mais j'étais prise au piège. Les filles étaient assises devant moi, ricanaient et me montraient du doigt en rigolant. Je devinai à leur regard que le calme avait été de courte durée et que j'allais passer un sale quart d'heure. Et puis, elles se mirent à chanter : « *Les gros ont de grosses jambes...* »

Je voulais pleurer et je me sentais si désespérée. Je cherchais du regard de l'aide, à droite puis à gauche. Mais les quelques adultes, qui étaient avec nous, préféraient regarder la mer que la classe. Personne ne pouvait donc m'aider.

La traversée me sembla durer une éternité. Quand je voulus descendre sur le bord de la rive, les filles m'y attendaient déjà et m'empêchaient de descendre avec leurs jambes.

Il faisait chaud cette journée-là. J'avais enlevé ma veste et je l'avais nouée à ma taille.

« Eh, la grosse veut cacher ses grosses jambes ! »

Je sentais les larmes me couler sur les joues alors... je me suis mise à courir pour échapper à ce harcèlement.

Quand on a cet âge, il y a certaines choses qu'on trouve ingrat, pas normal, pas juste. Pour moi, cette journée n'était pas normale et pas juste. Ce n'était pas simplement le fait d'être en pleine puberté. Je me sentais déjà mal dans ma peau et dans mon corps.

On dit que la vie est cruelle. Non, pas pour tout le monde. Pour les femmes avec un lipœdème, la vie peut devenir un châtiment.

A cette époque, je ne savais pas encore que je souffrais du lipœdème.

J'avais eu mes règles à l'âge de 10 ans et j'étais plus « développée » que mes petites copines. J'avais une autre silhouette que les autres, j'étais plus enrobée. Mes jambes étaient plus fortes. Quelques mois après le début de la puberté, mon corps avait gonflé, avait pris du volume comme je le disais souvent. Mes jambes ne rentraient pas dans un pantalon. Mais je « nageais » à la taille dedans. Soi-disant la culotte de cheval. Pas plus. J'avais une silhouette féminine avec des rondeurs. Il fallait que je fasse plus de sport. J'entendais souvent dire : « Mange moins, fais attention à ce que tu manges et aux calories ».

Mes parents travaillaient tous les deux. Mon père quittait la maison vers 5 heures le matin pour aller au travail. A midi, ma mère allait, elle, travailler. Ils ne savaient rien des réflexions blessantes.

Mais, quand les filles de la classe avaient essayé de jeter mes affaires de sport aux toilettes pour que je ne puisse pas aller en cours de sport, les profs avaient enfin remarqué qu'on me harcelait et en avaient aussitôt informé mes parents.

Mais parler aux filles n'avait pas changé grand-chose. Il y avait eu certes une période d'accalmie, un moment de répit en classe, mais on m'avait mise à l'écart, mise de côté. Je restais toute seule à la récré. Il n'y avait pas de travail en groupe pour moi. Je ne voulais pas aller au tableau.

Je me repliai de plus en plus sur moi-même. Avec le temps, j'appris à devenir discrète et presque transparente, voire inexistante. Toujours polie, voulant aider les autres mais ne voulant pas montrer ses faiblesses.

Mais à l'intérieur de moi, j'étais seule et solitaire. J'avais oublié d'apprendre à dire non, à contredire, à exprimer mon opinion, à contester les propos des autres. L'amitié avait une grande importance, une grande place pour moi. Je m'efforçai de contenter tout le monde, de me rendre gentille et serviable, de donner du temps à chacun.

Au fil du temps, la tristesse me gagna. J'avais perdu ma joie de vivre. Je menais une vie qui me semblait si monotone et si insatisfaisante.

Il fallait que quelque chose change. Cela ne servait à rien de se cacher dans son petit coin, de se replier de la vie extérieure, de s'affliger sur soi-même. Ce n'était pas bien pour une jeune fille comme moi. Et comme je me sentais si seule, je me mis à regarder à gauche et à droite pour savoir comment maigrir. Je me mis au régime, à me priver de nourriture. Tous les régimes étaient bien et bons pour moi. La seule chose qui comptait était de perdre du poids. Faire baisser vers la gauche les aiguilles de la balance. Je m´étais pour cela érigée un plan draconien pour mon régime.

1. Manger moins.

2. Bouger plus.

3. Avoir des pensées positives.

4. Se peser tous les jours.

5. Boire beaucoup, beaucoup.

Le lendemain matin, au saut du lit, je mis à exécution mon plan et mon nouveau mode de vie alimentaire.

Le matin, au petit déjeuner, seulement une demi-tartine de pain avec de la charcuterie. Pas de beurre. Une tasse de thé. Comme en-cas un peu de fruits. Point barre.

Au déjeuner, un petit morceau de viande avec quelques légumes. Quand j´avais trop faim alors je m´autorisais une petite pomme. Point barre.

Le soir au dîner, une demi-tranche de pain avec un peu de fromage. Point barre.

Entre les repas, toujours et encore un verre d´eau.

Matin, midi et soir : faire du vélo. L´après-midi : Aller courir.

Je réussis à perdre du poids dès les premiers jours. J´étais super contente et en pleine extase. Il fallait continuer ainsi, de façon déterminée.

Je me pesais tous les jours et j´étais contente comme une gosse qui avait reçu un bonbon pour récompenser un effort particulier. Mais le jour arriva où la balance ne voulait plus bouger et où les chiffres ne voulaient plus devenir petits.

Jour après jour, je montai sur la balance. Je continuais à me donner de la peine et je m'acharnais à faire des efforts démesurés pour perdre du poids.

Je déclarais la guerre à mon corps. S'il n'était pas prêt à faire fondre cette graisse alors je l'obligerais et le forcerais à le faire.

Je corrigeai le point n°1 de mon plan : Manger encore moins.

Je rationnai le petit-déjeuner : seulement une demi-tranche de pain. Sans rien dessus. Je rayai les fruits de mon alimentation. Et après quelques semaines, le succès était enfin devant mes yeux sur la balance : Je perdis deux autres kilos.

Je me mis entre-temps à augmenter mes activités physiques. A chaque occasion, je faisais du sport. Je montais et descendais les escaliers après les cours. Je courais l'après-midi dans le parc et j'essayais de faire de nouveaux exercices.

Avec comme résultat qu'à nouveau la balance ne voulut plus bouger et que je ne perdis pas un seul gramme. J'étais tellement en colère contre moi-même et tellement frustrée. Comment devais-je interpréter cela ? Pourquoi est-ce que je ne maigrissais pas ? Manger encore moins ? J'avais déjà mal à l'estomac à midi et j'avais du mal à avaler un morceau de viande.

Le matin, je ne me sentais déjà pas trop bien. J'avais froid, très froid dans la matinée. Même pendant que je faisais du sport.

Je commençais à sourire aux filles qui se faisaient plaisir en s'accordant de manger une barre chocolatée. Je me mis à calculer dans ma tête les calories que chacune des filles avait ingurgitées.

Mais rien n'y fit, rien ne changea.

Quand le harcèlement devint plus intense, je ne voulus plus aller à la piscine. J'avais trop honte de moi, de mon corps. Il m'était inconcevable de me mettre en maillot de bain, de m'étendre sur une pelouse dans un espace vert, de me faire bronzer au soleil.

Je n'osais pas acheter une boisson devant le kiosque à la piscine, ou de sauter dans l'eau pour me rafraichir. Oh comme j'aurais voulu faire du toboggan à la piscine.

Comme j'aurais voulu sauter du plongeoir des 3 mètres. Il était inutile de dire pourquoi je ne voulais pas nager.

Et les ados qui ne font pas ce genre de choses, se replient socialement et ont beaucoup moins de contacts avec leur entourage. Pas de contacts, et donc pas d'amis. Quand je regarde aujourd'hui les photos de cette époque, je me demande pourquoi j'avais si honte de moi et de mon corps.

Ma mère a eu toute sa vie une démarche guindée. Quand elle était enceinte de moi, elle avait même continué à faire du sport. Je ne connais ma mère qu'en étant toujours occupée à faire quelque chose, toujours active, faisant du sport, ne reniant pas le travail. Le travail physique ne lui faisait pas peur.

Quand je ne voulais pas aller au sport, elle me disait toujours : « Peti, je faisais du sport quand j'étais au neuvième mois avant ta naissance. » J'admirais ses beaux yeux bleus qui reflétaient la force, l'énergie en elle. Je ne voulais pas la contredire. Comment pouvait-elle savoir à cette époque qu'on se moquait de moi dans les vestiaires du gymnase quand on se changeait ? Mon père était différent de ma mère. Il ne me mettait jamais la pression. J'ai toujours pris papa comme modèle. Enfin, pour ce qu'il en était de la natation. J'étais toujours fière de lui quand il racontait ses exploits à la piscine.

J'aime me souvenir quand nous allions en famille à la piscine en pleine semaine. C'était petit et modeste mais super agréable car c'était une piscine entourée par une forêt où il y avait des champs, des prés. Pour les visiteurs, c'était un vrai plaisir de pouvoir se baigner là, même si les taons y étaient très nombreux. Malgré ces insectes, la piscine avait beaucoup de monde.

A côté du kiosque, il y avait toujours des guêpes qui, elles aussi, nous attentaient. Quelques fois, cela nous arrivait d'être piqués. Ma mère avait toujours dans son sac un oignon en cas de piqure pour apaiser la douleur. Nous devions l'utiliser à chaque fois car les insectes « adoraient » notre peau. Et c'est là, dans cette piscine en plein cœur des prés et des champs que j'ai appris à nager. C'est mon père qui m'accompagnait dans l'eau et qui m'aidait à faire les bons mouvements pour savoir nager.

Il sautait de façon élégante d'un plongeoir ou d'un tremplin, n'avait pas peur de sauter d'une plate-forme de 3 mètres de haut pour se retrouver quelques instants plus tard très loin dans la piscine.

Mon père avait les cheveux bruns. Quand il sortait de l'eau, ses cheveux cachaient une partie de son visage. Papa n'était pas particulièrement grand, il avait un petit peu de ventre et était court de jambes.

Il savait nager vite. Si vite qu'il allait d'un bord de la piscine à l'autre en quelques secondes. Nous jouions très souvent ensemble à nous attraper dans l'eau. Il sautait de la plate-forme du plongeoir des trois mètres et une fois dans l'eau, il se dépêchait de m'attraper. Moi, de mon côté, j'étais au bord de la piscine et je devais faire en sorte qu'il ne m'attrape pas.

Le jeu était un coup astucieux de mon père. Même si j'avais appris à nager, je n'osais pas sauter du plongeoir des trois mètres, le plongeoir d'un mètre de hauteur me suffisait amplement.

Aujourd´hui, je me rends compte que mon père avait associé le jeu et l´apprentissage de la natation. Je devais perdre la peur du plongeoir et ainsi il s´amusait à jouer avec moi. « Qui est le plus rapide, toi ou moi ? » Quand mon père me posait cette question, j´étais tout feu, tout flamme, peu importe où j´étais dans la piscine et où il était. La question m´électrisait et j´étais comme une petite folle.

C´était gagné quand celui ou celle sautait du plongeoir et faisait le reste de la longueur de la piscine. Une fois arrivé(e) au bout de la piscine, ma mère attendait le ou la gagnante avec une récompense.

Quand j´étais enfin prête à passer mon brevet de nageuse, mon père me prit à nouveau au piège.

« Bon, allez nage, ma fille et décroche la médaille de bronze. »

Je me rappelle que j´étais très anxieuse et que j´avais peur d´échouer. Mon père était toujours le modèle que je suivais et je ne voulais pas le décevoir. Alors j´ai nagé, nagé et nagé. Je perdis mon souffle petit à petit. Hors d´haleine, je sentis les forces me perdre.

Enfin, la maître-nageuse fit signe que j´avais fait mes longueurs dans la durée demandée.

« Bon, et maintenant saute du plongeoir des trois mètres. »

Son message était clair et net. Je montai au plongeoir et euh, et pourquoi est-ce que je devais sauter du plongeoir des trois mètres ? »

Je demandai : « Pourquoi celui-là ? »

« Mais parce que je te le dis », rétorqua-t-elle

Alors j´ai sauté...

Mon père se tenait à l´autre bout du bassin. Il me regarda de ses yeux souriants et me fit un signe de la tête.

Mon père n´était pas quelqu´un qui pouvait féliciter quelqu´un, il ne pouvait pas montrer qu´il était fier de quelqu´un. Quand je reçus la médaille d´argent, il me caressa la tête et me dit « bien joué ». Etant donné que j´avais décroché la deuxième place, j´avais reçu automatiquement la médaille de bronze. Mon père m´avait ainsi déjoué et m´avait comblée de joie par cet exploit.

Cette partie de ma vie est très importante pour moi.

A cette époque, j´étais heureuse. J´étais moi, simplement moi, sans complexe, libre dans ma tête et dans mon corps, heureuse. Je pouvais m´habiller comme je voulais. J´aimais rire, je me montrais en maillot de bain et aucun regard ne se posait sur moi. Je me montrais en public et je n´avais pas de pensées négatives.

Je m´asseyais dans une chaise sans devoir réfléchir si mes fesses pourraient rentrer dans mon siège. Je mangeais une glace sans complexe en public.

Je me souviens encore à nos vacances en caravane au bord de la mer Baltique. Dans la caravane, il y avait le coin couchette. Au milieu, il y avait la cuisine. Et de l´autre côté, derrière l´essieu, le coin salle à manger qui faisait couchette pour moi. On était la plupart du temps dans l´auvent. Même quand il pleuvait, on restait dans l'auvent et nous jouions aux cartes ou nous faisions des jeux de société.

Le matin, après avoir pris notre douche, nous allions dans une petite épicerie chercher du pain. Ce petit magasin mettait toujours et toujours ma mère en rogne. A la caisse, il y avait des poupées Barbie : quelque chose à acheter absolument pour les filles de mon âge.

Tous les matins, je demandais à avoir une poupée Barbie. Ce qui, bien-entendu, n'arriva pas. C'était un endroit pour se reposer et pas un lieu pour avoir une poupée Barbie. Ma mère était impitoyable, catégorique et résolue. Pour ma mère, il était important d'avoir un emploi du temps structuré et ce, même en vacances. Mon père, lui, était plus souple et conciliant. Il se levait quand bon lui semblait. Il venait prendre son petit déjeuner quand tout était mis sur la table et quand tout le monde était déjà à table. Et quand il voulait aller à la plage, alors, il y allait. Ça chamboulait bien- entendu toujours les plans de ma mère.

Un après-midi, nous étions à la plage et j'étais assise au bord de l'eau avec mon père et je faisais un château de sable. Il fallait que le château fort soit opulent, donc il fallait de l'eau pour que le sable soit fortifié.

« Mais, tu prends trop d'eau et donc le sable ne peut pas coller ». Les yeux marrons de mon père brillaient.

« Mais, non, je n'en prends pas trop », trépignai-je.

« C'est ce que je vois. » Et mon père secouait la tête.

Et hop, une partie du château fort s'écroulait. Furieuse, je regardais en direction de la mer, je faisais la tête. Pourquoi est-ce que je devais continuer à faire un château ?

Mon père avait dû remarquer mon attitude. « Viens, on va nager un peu ».

Il prit ma main et me releva. Sur l'eau, il y avait de petites bulles. Le soleil brillait. Je courais dans l'eau, mon père m'y retira de ses bras pour se faire ensuite une joie de m'y jeter dedans. Soudainement, je remarquais des bruits quand j'étais dans l'eau. C'était comme des petits coups.

En remontant à la surface, je regardais mon père qui me souriait. Je ne pouvais pas comprendre ce qui se passait.

« Qu'est-ce qu'il y a ? » demanda-t-il.

« Papa, il y a des bruits dans l'eau. »

« Quels bruits ? »

« Comme un bruit de petits coups, de petites frappes. »

« Impossible. D'où est-ce que ces coups peuvent venir ? » Il plongea dans l'eau avec moi.

« Euh, je n'entends rien. »

Je plongeai à nouveau et j'entendis à nouveau ces bruits bizarres. Une fois à la surface, je lui racontai que j'avais encore entendu ces coups. Rebelote, nous plongions tous les deux, mais rien, pas de bruit. Quand je replongeai seule, je remarquai ses mains qui frappaient contre deux pierres. Je sortis de l'eau et lui donnai un petit coup au ventre.

« T'es vache d'avoir fait ça, tu t'es bien moqué de moi. »

« Si tu es trop bête et si tu mets tellement de temps à le remarquer, alors ce n'est pas ma faute. » Il ricana comme d'habitude.

Les autres enfants avaient remarqué que je m'amusais bien avec mon père. Ils nous regardaient curieux et à la fois très intéressés. Je le remarquai et leur fis un signe de la main.

« Il y a des bruits bizarres, ici. Mais on n'arrive pas trouver ce que c'est. Vous voulez écouter ? »

Les enfants se rapprochèrent de nous et plongèrent. Je me rappelle encore leur visage tout ébahi. Ils plongeaient, mon père frappaient contre les pierres et les enfants étaient étonnés d'entendre ces coups bizarres jusqu'à ce que le père d'une fille remarqua que mon père s'était aussi moqués d'eux. Mon père était comme ça.

Et ce sont mes souvenirs, de beaux souvenirs de mon enfance. Pouvoir courir dans tous les sens, être insouciante. Se sentir bien dans sa peau. C'est bien ça l'enfance. Et c'est l'enfance que tout enfant devrait connaître. Il y a tellement de bons moments dont je me souviens.

L'été, je jouais au badminton avec mes parents et leurs amis. Après avoir joué, les adultes allaient prendre un verre ou manger une glace et nous, nous continuions de jouer. J'avais tellement joué que j'étais à bout de force. On pouvait me prendre dans ses bras sans que je hurle de douleurs. Mes jambes étaient légères. Et quand il y avait des bleus, c'était parce que je m'étais cognée.

C'était le bon temps avec un air d'insouciance et de gaité dans l'air. C'est cette vie si simple qui me manque beaucoup.

Lüthaw, d. 7.9.'80

Pour chacune de nous, femme, arrive le jour où l'enfant bascule dans le monde des adultes.

J'eus mes règles très tôt et mon corps changea. Mais, je ne ressemblais pas à une ado. Chez moi, mes cuisses étaient fortes et généreuses. Alors que mes bras et mon buste étaient très minces, mes jambes grossissaient de plus en plus. Je sentais des lourdeurs dans les jambes. Elles étaient lourdes.

Et plus mes jambes grossissaient et moins j'avais confiance en moi. Au début, j'ignorais les quelques réflexions mais avec le temps, cela me contrariait beaucoup et me blessait. Peu à peu, et ce, sans m'en apercevoir, je commençai à me replier sur moi-même.

Alors que je rencontrais mes copines tous les jours, j'essayais peu à peu de trouver des excuses pour ne pas devoir sortir, pour ne pas me montrer.

Et puis, il vint le temps où tous les élèves de l'école prenaient des cours de danse. Mais moi, je ne voulais pas y aller, je refusai d'y mettre les pieds. J'avais mal aux jambes, elles étaient si lourdes et j'avais déjà honte de devoir danser devant tout le monde. Danser signifiait tout de même se bouger. Bouger et montrer ses jambes. Et ainsi quelque chose de complètement désagréable à mes yeux. Un beau jour, un copain de classe me demanda si je voulais l'accompagner aux cours de danse. Mon cœur battait la chamade.

J'étais tellement contente et excitée, mais j'avais aussi tellement peur.

Moi, danser ? Me montrer devant tout le monde ? Impossible, hors de question.

Je voulais tellement danser et pourtant, j'ai refusé d'aller au cours de danse. Et c'est ainsi que je posai à un lapin à mon petit copain de classe.

Le soir, en cachette, je pleurais comme une madeleine dans ma chambre. Quelques jours plus tard à l'école, les copines de la classe racontèrent avec enthousiasme comment le cours de danse s'était passé. L'après-midi après les cours, j'étais allongée sur mon lit et je m'imaginais savoir danser.

Je me rappelle encore mettre la musique à fond et puis me tenir debout devant le miroir de la chambre de mes parents. Alors là, j'oubliais le temps et je commençais à danser. Je m'imaginais être belle. J'attachais mes longs cheveux et je m'imaginais être un petit rat de l'opéra faisant ses pointes. Je dansais, je planais et j'étais contente de pouvoir bouger librement.

Je rêvais d'un monde beau et juste.

Le monde réel était horrible pour moi.

Ce monde me faisait si mal, tellement mal, me rendait malade.

Ma copine Sigrid ne connaissait pas ce genre de problèmes.

Elle était brune, mince et débordait d´énergie.

Même si j´enviais quelques fois ses jambes, je n´aurais pas voulu être à sa place. Sigrid faisait de l´eczéma.

Ses bras étaient rouge foncé et en sang. Elle se grattait souvent. Ce n´était pas très joli à voir. Un beau jour, elle s´approcha de moi et me dit.

« Peti, je crois que je suis amoureuse. »

« Comment s´appelle-t-il ? Je le connais ? » Le temps était venu : Nous commencions à nous intéresser aux garçons. « Ralf, il s´appelle Ralf et il va au lycée. »

« Super » répondis-je. « Alors, je dois le connaître de vue, tu me le montres ? » J´étais devenue curieuse.

A la récré, Sigrid vint me chercher et nous allions ensemble le voir.

Il avait les cheveux châtain foncé, les yeux marrons et il portait une veste beige en velours côtelé.

Quelle horreur de porter à son âge une veste comme celle-là, pensai-je en moi-même. Mais d´un côté, la veste ne lui allait pas si mal que ça.

J´observai Ralf pendant que Sigrid se jetait dans ses bras et ricanait.

Il souriait de temps en temps à ma copine mais me souriait aussi. J'étais confuse. J'étais complètement déconcertée.

Sigrid était visiblement heureuse. En retournant à grand-pas dans notre salle de classe, elle me confia que Ralf, lui aussi, était tombé amoureux.

Le lendemain, elle vint à ma rencontre, toute radieuse comme on peut l'être à cet âge-là.

« Je vais voir Ralf, tu m'accompagnes ? »

J'acquiesçai de la tête. Si je n'y allais pas, je me retrouverais toute seule à poireauter dans la cour et les autres me regarderaient bizarrement.

A la grande récré, nous allâmes dans « la cour des grands » comme on disait.

Ralf était là au beau milieu de ses amis. Un des garçons nous regarda et lui dit quelque chose. Aussitôt, Ralf tourna la tête pour voir Sigrid et me voir.

J'avais l'impression d'être à un défilé de mode. Je me sentais observée et déconcertée, je n'arrêtais pas de tirer sur mes vêtements.

Sigrid, par contre, avançait fière et souriante.

« Salut Ralf, ça va… ? »

Mais, Ralf jeta un regard furtif en direction de Sigrid. Il me regardait, moi, au fond des yeux et me tendit sa main.

« Salut, c'est sympa que tu sois aussi venue. »

Je restais bouche-bée. Ralf me disait d'abord bonjour et non à Sigrid. Je ne savais pas si je devais serrer la main à Ralf qu'il me tendait. Alors, je me secouai et lui donna ma main.

Ralf me serra très fort la main et me regarda longtemps sans ne rien laisser paraître. Je voulus retirer ma main mais il la serra encore plus fort.

Sigrid était ébranlée. Livide, son sourire avait complètement disparu. Elle me regardait bouche-bée, clouée sur place. Le temps était comme immobilisé pour quelques instants.

Ralf retira enfin sa main et je pouvais reculer de quelques pas.

Déstabilisée par la situation, je regardais en direction de Sigrid et de la cour.

Tim se trouvait à côté de Ralf. Ils étaient copains depuis des années.

Tim faisait 1m 90, il était grand et frêle. Il portait déjà une longue barbe et ses cheveux blonds ondulés étaient en bataille. On avait l'impression qu'il venait de tomber de son lit. Ses beaux yeux bleus étaient comme un éclair de lumière sur son visage. Pendant qu'il m'observait, sans rien dire et sans rien laisser paraître, ses pupilles se dilataient de temps en temps. Je ne pouvais rien lire, rien déchiffrer au fond de ses yeux.

Son pull fait main tombait sur son corps frêle comme un sac mouillé. Son jean avait des trous et il n'avait certainement pas lavé ses dents depuis des mois. Peut-être était-ce la raison pour laquelle il ne parlait pas beaucoup.

Pendant cette récré, je n'entendis plus la conversation entre Sigrid et Ralf. Je me décidai à ne pas vouloir les écouter.

J'étais beaucoup plus occupée avec Tim. Il était perdu dans ses pensées et je voulais y mettre fin.

Quand nous avons quitté le groupe de garçons, je remarquai le regard perdu et attristé de Sigrid. De toute évidence, la conversation entre eux deux ne s'était pas passée comme elle se l'était imaginée. Je n'avais rien écouté et je m'étais écartée.

J'essayai d'entamer un sujet de conversation mais peine perdue.

Il régnait un calme plat. Sur le chemin du retour, pas un mot. Sigrid regardait par terre. Ses mains étaient rouge écrevisse. L'aurevoir après les cours était très furtif. Le lendemain, Sigrid me demanda à nouveau si je voulais venir à la récré avec elle voir Ralf.

Je secouai de la tête et fit un pas vers elle.

« Je ne me sens pas très bien, vas-y sans moi. »

« Tu ne sais pas très bien mentir ». Sigrid, toute triste qu'elle était, me regarda droit dans les yeux.

« Viens avec moi, sois gentille, c'est important pour moi. »

Je me souviens encore tirer sur mes fringues à côté d'elle.

Son visage n'était plus aussi radieux que ces derniers jours. Et toujours et encore, je n'arrêtais pas de tirer sur mes vêtements. Le pull ne se mettait pas comme je voulais. Mon derrière était tout simplement trop large pour le pull. En haut, il était si grand que j'aurais pu nager dedans. A partir du bassin, il était trop serré et trop petit.

Je marchais derrière Sigrid. Je l'avais fait exprès pour que Sigrid et Ralf se disent bonjour en premier.

Comme d'habitude, Tim était à côté de Ralf. Les autres garçons qui parlaient à Ralf marchèrent dans une autre direction et ne nous prêtèrent aucune attention.

Et voilà que je tirais de nouveau sur mon pull. Tim me regarda, observa mes gestes et respira profondément.

Je le regardai de plus près.

Aujourd'hui, il portait un pull en laine encore plus discret que d'habitude.

A ma grande surprise, il n'y avait pas que le jean qui avait des trous, le pull en avait aussi maintenant. Mais, d'un côté, ça lui allait bien : cette barbe, pas entretenue et puis ce nez, très long et avec une bosse. Mais c'est précisément ce nez qui lui allait bien et qui correspondait à sa personne.

Sigrid et Ralf étaient maintenant l'un en face de l'autre. Sigrid, lui tendit de façon précipitée la main et lui dit bonjour. Son geste était, quand on la connaissait bien, très réservé. Ralf voulait lui tendre la main mais il la retira au dernier moment.

Sigrid était déstabilisée.

Tim regardait Ralf avec un regard interrogateur. Je regardais les mains de Sigrid. Elles étaient rouge sang. Sa peau s'était ouverte aux chevilles. Les petites lésions s'étaient mises à saigner. La peau sur ses mains était toute tendue et gonflée comme un ballon.

Tout de suite, il me vint à l'esprit, les douleurs qu'elle devait à cet instant endurer. Et pourtant, elle tendait la main à Ralf. Et Ralf retirait encore plus sa main.

Je voulais me retourner pour partir. Mais Ralf me tendit la main et me dit bonjour. Je secouai la tête et retira ma main, je me retournais en tirant sur mon pull. Je pris la direction de la cour à grand pas.

J'étais déconcertée. Comment devais-je me comporter face à Sigrid en me voyant, moi avec Ralf ?

Sigrid prit la décision à notre place.

Elle retourna en classe, s'assit à côté de moi et dit tout calmement : « Ralf peut aller se faire voir. Il n'existe plus pour moi. »

Je ne savais pas quoi répondre et ne dit pas un mot.

A la fin des cours, Sigrid me demanda : « Dis-donc, est-ce qu'il se peut que vous vous entendiez bien ? »

Sa question fit l'effet d'une gifle sur moi. J'avais remarqué moi-même que mon cœur battait la chamade quand je le croisais. Mais, je ne voulais pas l'admettre. Ralf et mon amie étaient sur le point de vouloir être ensemble comme l'avait affirmé Sigrid.

« Je ne vois pas de quoi tu parles ? » Je sentis mes joues toutes rouges.

« Tu ne vois pas de quoi je parle ? Arrête s'il te plaît. Ne fais pas plus conne que tu en as l'air... » Sigrid se tint devant moi et me dévisagea en mettant ses mains sur ses hanches. Elle me fixait droit dans les yeux. Je préférai ne rien dire. Je fis un pas vers la gauche pour me détourner d'elle. Et puis, nous avons quitté la salle de cours sans échanger le moindre mot.

Les jours suivants, Sigrid et moi gardions nos distances. Je me demandais à plusieurs reprises si j'avais perdu ma meilleure amie. Pourtant, je ne voyais pas de faute et de faux pas de ma part. Qu'y avait-il de mal à trouver sympa l'éventuel petit copain de ma meilleure amie ? De lui tendre la main et de rire avec lui ?

De toute évidence, Sigrid voyait les choses différemment. Nous ne parlions plus du sujet et nous n'allions plus voir Ralf et Tim à la récré.

Mais, c'est Sigrid, justement, qui reprit le sujet un matin en m'annonçant. « Je suis à nouveau amoureuse. »

« Comment ça, à nouveau ? »

« Oui, à nouveau amoureuse. Il est si mignon... »

Je me souviens avoir respiré profondément de soulagement. Car je devais bien l'admettre : Ralf m'avait fait tourner la tête même s'il n'avait pas été très correct avec Sigrid. Je commençais à penser à lui, à vouloir le voir.

Alors, pendant une récré, alors que Sigrid était avec son copain, je partis furtivement au coin de la cour. Et bien joué. Tim m'avait vu et tapait déjà dans les côtes de Ralf.

Et Ralf vint à ma rencontre. Il me tendit sa main et me sourit.

Je sentais mon cœur battre la chamade. Je lui tendis ma main.

« C'est sympa que tu sois venue. Tu as cours jusqu'à quelle heure ? Je restais bouche-bée car je voulais lui parler de son comportement face à Sigrid. Mais, maintenant, j'étais là devant Ralf, regardant Tim qui m'observait sans bouger et j'oubliai ce que je voulais lui dire.

En tous cas, on a bien discuté. C'est ce dont je me souviens encore.

Mon cœur avait battu trop vite et trop fort.

Et puis la phrase fatidique tomba :

« Je peux venir te chercher après les cours ? »

Je pouvais à peine prononcer un mot. Il me demandait si on pouvait se voir après les cours. Ralf était si beau, mais moi si grosse.

Ces jambes, ces gros piliers. Les épaules trop étroites. En plus, j'étais plate comme une planche à pain. Et avec toutes ces qualités, je devais plaire à quelqu'un du nom de Ralf ?

Je dis « oui » de la tête incapable de pouvoir prononcer quelque chose. Et puis, je repartis dans ma salle de classe en tirant sur mes vêtements. Sigrid était déjà assise. Radieuse, elle m'attendait.

A la fin du cours, je sortis gênée et embarrassée. Ralf était au bout du couloir et m'attendait.

Je suis allée à sa rencontre en souriant. J'étais contente de le voir. Et au moment où il s'avança vers moi, j'entendis deux filles de ma classe qui commençaient à se moquer de moi. Elles riaient du fait qu'une grosse vache comme moi puisse penser avoir des chances avec Ralf.

« Mais pour qui se prend-elle ? »

Elles ricanaient. Je commençais à tirer sur mon sweat-shirt. Ralf me salua et sans échanger un mot, il prit mon sac à dos et le mit sur son épaule droite. Il prit de sa main gauche ma main droite et nous sommes allés main dans la main manger une glace.

Durant quelques jours, j'avais l'impression de vivre un rêve. On se rencontrait à la récré. Et quand c'était possible, il venait me chercher après les cours à la fin de la journée. Nous faisions du vélo ensemble. Nous rencontrions ses copains, nous allions à quelques fêtes ou simplement au cinéma.

Quand j'avais cours l'après-midi, il venait me chercher à l'école et nous allions faire un squash.

Mais un jour, il se passa quelque chose qu'aucune jeune femme ne veut vraiment vivre.

Je vis Ralf et Tim qui bavardaient avec quelques filles de ma classe. Elles riaient fort et puis j'entendis cette phrase : « Dis donc, Ralf, c'est comment de toucher tant de graisse, ça doit quand même être dégueulasse de toucher cette grosse vache ? »

J'avais l'impression que le sol s'écroulait sous mes pieds. Je pouvais à peine voir autour de moi. Les larmes jaillirent de mes yeux. Ralf hocha de la tête, ricana et puis répondit : « En tout cas pas aussi bien qu'en te touchant, ma belle ».

J'avais l'impression d'étouffer. Je me retournai et couru aux toilettes. Arrivée là-bas, je m'y enfermai. J'aurais voulu m'y réfugier pour toujours. Mais en me retournant, j'avais aperçu le regard de Tim qui m'avait remarquée.

Le cours avait déjà commencé quand je sortis des toilettes. Mes yeux étaient rouges, marqués par les pleurs et les larmes. Je voulais rentrer à la maison. Mais j'aperçus Tim dans le couloir.

Comme d'habitude avec un pantalon troué, avec un pull en laine trois fois trop grand pour lui. On ne distinguait aucune émotion sur son visage. Il me regarda, hocha de la tête. « Désolée, j'aurais dû voir venir le truc, je suis vraiment désolé pour toi. Mais maintenant, tu sais où tu en es. »

« Tu veux dire qu'il a tout le temps jouer avec moi ? »

Tim me regardait et sans laisser la moindre émotion répondit :

« Crois ce que tu veux » rétorqua-t-il froidement.

Ma bouche était devenue tout à coup si sèche que j'étais incapable de prononcer le moindre mot. Tim me regarda, de sa main gauche, fit comme s'il retirait son chapeau. Il partit comme ça.

Ce sont ces instants-là où on aimerait bien que tout cela ne soit qu'un rêve et qu'on va se réveiller d'un moment à l'autre.

Quand la réalité ne vous touche plus, quand vous ne ressentez plus le mal et que votre vie n'est pas si pitoyable que cela, plus si invivable, alors c'est le moment où il faut que les choses changent.

Je m'assis sur un banc qui était dans le long couloir devant notre salle de classe et j'essayais de m'échapper de ce cauchemar. Au bruit de la sonnerie, je compris que j'avais raté l'heure de cours.

Je rentrai dans la classe et m'excusai auprès de ma prof qui accepta mon excuse, à mon plus grand étonnement. Je lui dis que j'avais des douleurs dans le bas du ventre. A la fin du cours, je m'empressai de prendre mon vélo et je filai à la maison aussi vite que je pus. Je courus dans ma chambre, je tombai sur mon lit et je me mis à pleurer doucement. Mes parents ne se sont pas aperçus dans quel état j'étais.

Mon père rentrait toujours tard du travail et ma mère avait, comme si souvent, dû terminer quelques tâches ménagères.

Les jours suivants, je dus endurer les rires et les moqueries de mes camarades de classe. Sigrid était si heureuse avec son copain qu'elle ne remarqua pas ma tristesse et je devais affronter, seule, mes problèmes. A ma grande surprise, Ralf ne chercha pas à comprendre pourquoi je l'évitai.

J'étais soulagée de son attitude car cela voulait bien dire qu'il s'était bien moqué de moi, et je n'avais pas tort.

Avec le temps, la détresse laissa place à la colère.

J'étais en colère contre Ralf, en colère contre le monde entier, en colère contre moi-même, en colère contre mes grosses cuisses. Je décidais que c'était la faute de mes grosses jambes pour qu'on me traite de cette façon.

Je ne voulais plus vivre cela une autre fois dans ma vie. Il fallait qu'il se passe quelque chose.

L'idée me vient encore une fois d'entreprendre quelque chose contre ces grosses cuisses monstrueuses. Je rentrai dans la première librairie et feuilletai les livres spécialisés. Il n'y avait pas encore à cette époque Internet pour faire des recherches.

Je connaissais déjà les livres qu'on me proposa. Alors je pris le chemin de la pharmacie et trouvai le bon remède à mon problème : des boissons minceur amincissantes.

Une boisson : matin, midi et soir. Des fois au parfum chocolat ou au parfum vanille. Ah, si seulement l'aiguille de la balance avait bougé et baissé.

Mais cela n'a pas eu lieu.

Ce que je perdis, c'était mes larmes de désarroi.

Je me souviens bien que ma copine et moi allions souvent en ville faire les magasins et acheter des vêtements. Sigrid était toujours celle qui choisissait ses vêtements et les essayait. Et quand ils lui plaisaient, elle les achetait tout de suite. Qu'en était-il de moi ?

Je rentrais dans le magasin, regardais les vêtements, examinais les tailles restantes. Une fois dans la cabine d'essayage, je m'apercevais que le pantalon ne m'allait pas du tout. En haut à la taille, ça n'allait pas du tout. Il était trop grand, trop large. Par contre aux cuisses, il me serrait complètement. Il était beaucoup trop petit aux cuisses, trop étroit. Alors que Sigrid prenait plusieurs pantalons dans la cabine d'essayage pour les comparer et voir celui lui allait le mieux, et lequel lui plaisait le mieux, moi, je me livrais à une bataille sans merci. Soit j'avais un problème à la taille, soit un problème aux cuisses.

Il y eut une époque où j'achetais le pantalon et une fois arrivée à la maison, je prenais un élastique pour resserrer le pantalon à la taille. Je trouvais les ceintures pas très jolies et pas très confortables. Et mes petites culottes de même, elles me serraient entre les jambes. Mais elles étaient trop grandes à la taille. C'était devenu une habitude d'acheter des pantalons et des petites culottes une à deux tailles plus grandes.

J'étais encore plus gênée et embarrassée par le fait que le pantalon s'usait très vite entre les jambes. Quand mon jean avait enfin trouvé une belle couleur après l'avoir porté plusieurs fois, il était usé par le frottement des cuisses.

Ma mère y cousait un morceau de jean, d'une couleur similaire pour éviter d'acheter un nouveau jean. Ces morceaux rapiécés entre les cuisses se voyaient quand je me penchais. Je trouvais cela complètement moche.

Que pensaient les autres de moi et de ma tenue ?

J'avais aussi des problèmes avec mes sous-vêtements. Les petites culottes me comprimaient l'aine à cause de l'élastique qui me serrait trop. Ma mère tenait absolument à ce que je porte une certaine coupe de petites culottes. Mais quand elles me ficelaient tellement à l'entre-jambes, je prenais alors une paire de ciseaux et coupai l'élastique pour ne plus avoir mal. Après, ma mère était toujours en colère, elle remettait, le soir, après le travail un autre élastique et m'ordonnait de ne plus abimer mes petites culottes.

Mais je ne les endurais pas longtemps. Et je coupais les coutures pour que mes cuisses aient plus de place, plus d'aisance et ainsi pour que j'ai moins mal à l'aine.

Autrefois, il n'y avait pas un grand choix en petites culottes. Puisque l'offre était restreinte et que ma mère était toujours déterminée à imposer une certaine forme de petites culottes, je devais endurer ce qu'elle me dictait de porter.

Jusqu'au jour où j'ai eu l'idée de génie d'économiser mon argent de poche pour acheter des petites culottes d'une forme différente. Enfin, l'élastique me serrait moins. Et enfin, j'avais moins mal.

En hiver, c'était les bottes qui me désespéraient. Je ne pouvais pas acheter de bottes comme les autres filles ou femmes.

Je faisais toujours attention à ce que les bottes aient une coupe bien large. C'était la seule possibilité pour que je puisse rentrer dedans. A cette époque, je pouvais encore en porter, ce qui m'est, aujourd'hui, complètement impossible. Mais je n'aimais, déjà, pas acheter de bottes.

Mon adolescence n'était pas particulièrement rose et gaie.

J'ai passé une période noire dans ma vie quand j'ai eu mon premier accident.

Je revenais de l'école pour rentrer à la maison. A un croisement, je voulais continuer tout droit quand un véhicule derrière moi me dépassa et tourna à droite. J'essayai de me décaler sur la droite mais, le véhicule me renversa. Je basculai et tombai. Et tout ce que dont je me souviens c'était que l'asphalte était chaud et doux.

J'avais entendu des voix. Je voulais bouger mais je n'y arrivais pas. Tout était si douillet que je voulais simplement dormir.

A l'hôpital, on m'ausculta et on décida qu'il fallait que je reste quelques jours à l'hôpital. Commotion cérébrale, fracture de la clavicule, pas mal de contusions et fracture de la mâchoire inférieure. On me fixa la mâchoire avec des fils et donc il m'était impossible de manger normalement. J'avais une paille entre les deux mâchoires pour avaler la nourriture, lorsque c'était possible.

Au début, tout allait bien. En fin de compte, je trouvais la fracture de la mâchoire pas si douloureuse que ça. Certes, j'avais mal mais, j'avais enfin l'espoir de pouvoir perdre du poids ainsi.

Quand je commençais à aller mieux, je décidai de prendre la balance qui était dans le coin de la salle de bain et de me peser. Je suis tombée de haut effrayée de voir ce qu'indiquait le pèse-personne : Pas un seul kilo de perdu.

J'étais privée de nourriture et je n'avais rien perdu. Ce n'était pas possible. Pour moi, c'était clair que la balance ne marchait pas bien.

Les jours suivants, même scène, même résultat, même consternation. J'étais au bord du désespoir. J'étais incapable de m'expliquer pourquoi je n'avais pas perdu de poids. Ma nourriture constituait de yaourt, de fromage blanc et de viande passée au mixeur, de purée de pommes de terre et d'eau. J'étais faible et contente quand je pouvais rester allongée. Après quelques semaines, je voulais retourner à l'école. Ça m'importait peu de savoir si les docteurs jugeaient cela trop tôt et me déconseillaient de reprendre l'école.

Je voulais absolument y retourner même si ma mère était complétement contre. Mais elle me laissa y aller contre son gré.

J'étais consciente que je n'étais physiquement pas en pleine forme. Mais j'étais contente d'être entourée de gens. Ma mâchoire avait encore des fils.

Ma prononciation était donc mauvaise quand je parlais. J'avais de la peine à ne pas m'évanouir. J'étais encore faible et blanche. Quand je suis entrée dans la salle de classe en disant « salut », je remarquai que les autres me regardaient d'un œil bizarre.

Ils étaient réservés et distants. Ils me regardaient du coin de l'œil et discutaient en cachette. Mon accident avait eu toutefois un effet positif. Quelques filles se rapprochaient de moi, me parlaient. J'étais ainsi plus ouverte et je ne refusais pas le contact avec les autres. Je ne restais plus seule dans mon coin. Une seule fille ne pouvait pas me sentir et continuait à me harceler et à m'embêter.

Je supportais cette situation sans rien dire. Et puis, j'entendis ce dont j'avais peur depuis longtemps.

"Qu'est-ce que la grosse nous raconte ?" Elle ne croit tout de même pas qu'on va avaler qu'elle ne peut rien manger. Si c'était vrai, qu'elle ne mange qu'avec une paille, elle aurait depuis longtemps maigri. »

" Elle se fout bien de nous" dit une autre fille.

« Je suis sûre qu'il y a du chocolat quand elle mange avec sa paille. »

Les filles rigolaient et je courus me réfugier dans les toilettes. Je ne voulais plus en sortir. Comment devais-je expliquer que ce n'était pas vrai ce qu'ils racontaient : Que je ne mangeais pas de chocolat. Et pourquoi fallait-il que je me justifie toujours et sans cesse ?

Quand je sortis des toilettes, je respirai profondément. Tête haute, je longeai le couloir pour rentrer en classe et m'asseoir à ma place sans regarder et faire attention aux ricanements d'une des filles. Marion était assise deux places à côté de moi. Il fallait qu'elle se penche en avant pour voir mon visage. Entre nous, il y avait Claudia. Je regardais sur ma table. J'essayais de ne pas écouter les réflexions de Marion mais tout à coup, Claudia se mit à pleurer.

" J'en ai marre, je me supporte plus cette situation !"

Claudia mit ses mains devant son visage et fondit en larmes.

Notre prof interrompit le cours.

"Qu'est ce qui se passe Claudia ? Ça ne va pas ?"

Claudia secoua la tête et continua de pleurer. Puis elle releva la tête et dit : "Petra est rabaissée par toute la classe. Il faut toujours et toujours que les filles se moquent d'elle. J'en ai marre, ça m'énerve de voir ça".

J'étais toute étonnée. Pour la première fois, quelqu'un se battait pour moi. Je restais bouche-bée. Jusqu'à cette histoire, j'étais persuadée que tout le monde était contre moi. Et si ce n'était pas tout le monde, ça n'intéressait pas les autres.

Je m'étais trompée. Au contraire, il y avait des gens autour de moi qui souffraient à mes côtés. Ça ne leur était pas égal du tout.

J'étais confuse et irritée.

Notre prof se mit à être curieuse.

Elle me demanda : "Qu'est ce qui se passe, je veux savoir ce qui se joue derrière mon dos."

Personne ne réagit. Notre prof me demanda alors : " Allez, Petra, j'attends, je t'écoute."

Je regardais le bureau et balbutiais : "Les autres ne m'aiment pas".

« C'est pas vrai" cria quelqu'un dans la salle de classe. "C'est pas du tout ça. Tu ne veux rien avoir affaire avec nous. "

„Ce n'est pas correct" rétorquai-je. "Vous vous moquez de moi sans arrêt. Vous me poussez, vous piquez des affaires dans mon sac. Vous dîtes que je suis grosse et moche alors que je n'y peux rien. Vous pensez que je bouffe trop et sans arrêt…" et puis …je me mis à pleurer à mon tour.

Claudia avait mis sa tête sur la table du bureau, se boucha les oreilles avec ses mains et continua de pleurer.

" Et, il n'y a pas que ça." dit-elle en pleurant.

Marion me regardait tout le temps et avait les joues gonflées de colère. " Elle la menace… elle lui prend ses affaires. Elle tâche sa chaise de chocolat etc… je suis entre les deux et il faut que j'endure cela à longueur de journée. »

Notre prof secoua la tête.

« C'est vrai, Marion ? »

Marion secoua la tête : " Je ne sais pas."

"Comment ça, tu ne sais pas ?"

« Je ne sais pas. Ça veut dire je ne sais pas. »

Marion se retourna et regarda les autres du groupe et souriait. Les autres rigolaient. L'ambiance était horrible. Et puis c'est Claudia qui interrompit la scène. Elle essuya ses larmes de sa main droite et dit. « De toute façon, ça ne sert à rien. Elles n'avoueront pas. Elles sont tellement fausses, mauvaises et injustes. »

Elle se leva et quitta la salle de cours en courant.

Les filles entêtées n'avaient toujours rien compris Mais pour certaines filles, elles se mirent à réfléchir.

Et c'est ce qui se passa.

Les jours suivants, on ressentait que Claudia avait pu changer la situation. Certaines filles étaient à partir ce moment-là de mon côté. Elles étaient d'accord pour faire des travaux pratiques avec moi. Elles étaient d'accord pour passer la récré ensemble. Elles faisaient attention à moi en cours de sport. Elles regardaient si une des filles piquait mes affaires de sport pour les jeter à la poubelle. Petit à petit, je me sentais mieux en cours. C'est ainsi que je participais plus, que je soulevais plus souvent le doigt. Et mes notes s'améliorèrent.

Ma vie était devenue plus agréable et plus facile à vivre.

Je grandis, pris de l'âge et la responsabilité aussi de prendre ma vie en main.

Pour mon âge, j'avais commencé très tôt à consulter des médecins. On me donna toujours et toujours les mêmes conseils.

Il fallait que je mange moins, que je bouge plus et que je ne me mente pas. Quand j'avais de la chance, on me faisait une prise de sang. Et ensuite une échographie. Résultats : Tout allait bien, rien ne me manquait, tout était comme il fallait.

C'était moi qui n'allais pas. Moi seule qui clochais.

Bien sûr que c'était de ma faute. Mais pas parce que je n'avais pas de prise de responsabilité, non, parce que j'étais malade.

Avec le temps, j'ai réalisé que je m'étais retirée de la vie sociale et coupée du monde parce que je ne me sentais pas bien. Je n'étais pas en accord avec moi-même, pas bien dans mon corps, pas bien dans ma tête. Contre mon gré parce que j'étais trop faible. Je cherchais souvent le contact, mais les amitiés ne duraient pas longtemps. J'avais du mal à les garder même. Quelques filles sortaient, allaient dans des clubs pour danser. Danser signifiait se montrer, se bouger, se présenter. Je n'avais pas envie de cela. Combien de fois, on me demanda si je voulais sortir, venir avec elles. Mais j'avais honte alors je déclinais l'invitation… Et ainsi, je restais à la maison. On me posa la question encore une ou deux fois. Mais au bout d'un moment, personne n'avait envie d'entendre : « C'est gentil, mais non merci. Peut-être une autre fois ». Ce qui fait qu'on se voyait de moins en moins souvent jusqu'à ce qu'on n'ait plus du tout de nouvelles les unes des autres et de contacts. On s'était perdu de vue tout simplement.

Un beau jour d'été, une de mes cousines était venue nous voir en voiture. J'avais à peine 18 ans. Elle venait juste d'acheter une voiture. Elle descendit de sa petite voiture rouge et s'assit toute fière sur le capot avec un large sourire.

« Assieds-toi, Petra » m'incita-t-elle.

Je secouai de la tête.

« Mais pourquoi ? Elle est quand même pas mal comme voiture. Bon d'accord, elle est d'occasion et vieille mais on est bien dedans tout de même. » Je n'oublierai jamais le regard de ma cousine.

Je me souviens encore que je n'arrêtais pas de dire non de la tête. Je ne voulais pas lui avouer que j'avais peur de ne pas pouvoir me mettre derrière le volant. Et puis, je regardais ma cousine. Je vis dans ses yeux une grande déception. Alors je pris sur moi pour surpasser ma peur. Je m'assis à la place du conducteur. Et je pouvais m'asseoir derrière le volant, je rentrais dedans. A ce moment-là, je la regardais, ses yeux brillaient de joie.

« Je pensais que je ne pouvais pas rentrer dedans, qu'il n'y avait pas assez de place derrière le volant » bredouillai-je.

« Que tu quoi ? » Regina me regardait stupéfiée.

« Et bien, je pensais que je ne pouvais pas m'asseoir dedans. »

« Oh la, la la dis-donc, tu te fais des films, toi » pourquoi est-ce que tu ne pourrais pas t'asseoir dedans. Tu peux me le dire ? Il n'y a vraiment rien à comprendre avec toi. »

Je commençais à bégayer : « Enfin bon, tu sais mes jambes sont tellement... »

« Qu'est-ce qu'elles ont tes jambes ? »

« Regarde-les, elles sont si grosses. »

« Ce n'est pas qu'elles sont grosses, Petra, tes jambes sont rondes, mais pas grosses. « A ta place, j'essayerais le sport. Et si tu faisais du foot avec moi ? »

« Du foot, ah non, s'il-te-plaît pas, pas de foot. Je n'ai aucune envie de faire du foot. »

La situation m'embarrassait. Je coupais la conversation en lui disant qu'elle avait une très belle voiture. Et je savourais aussi cet instant, je pouvais me mettre derrière un volant.

J'eus l'envie de passer mon permis et d'avoir, moi aussi, ma propre voiture. Il ne me tarda pas d'avoir mon permis dans les mains. Quelques mois plus tard, mon père et moi regardions les voitures.

On l'a vite trouvée et je pouvais enfin aller où je voulais. Ma voiture était pour moi un symbole de réussite sociale. Une forteresse où je me sentais bien, chez moi.

On n'y voyait en effet que mon visage, qui était mince et le haut de mon buste. On ne voyait mon corps qu'à partir de la poitrine. J'avais ainsi plus d'assurance, plus de confiance en moi qu'en voiture qu'en vélo ou qu'à pied.

Je commençai une formation en alternance qui me plaisait beaucoup. Je voulais devenir secrétaire commerciale. Les semaines d'entreprise me plaisaient énormément, les collègues y étaient sympas. Je n'aimais pas trop, par contre les semaines d'école. C'était étouffant d'être une des seules filles à avoir de grosses jambes.

Je n'aimais pas trop être dans un groupe de jeunes femmes où tout était axé sur les garçons, sur leur apparence et de savoir « qui sortait avec qui ».

C'était des sujets qui me gênaient, qui m'entêtaient et que je trouvais secondaire. J'étais très réservée et ne disais jamais grand-chose. J'avais des amis. Et quand une amitié se brouillait à cause de moi, principalement, c'était parce ce que je manquais de temps. C'était tout du moins ce que je disais. La vérité était que je n'osais pas me montrer en public, je n´osais pas sortir. Avec le temps, cela changea un peu et je pris de l´assurance.

Grâce à une bonne copine, je sortis en boîte et allai à quelques fêtes. J´appris à mieux me sentir dans ma peau et je dus admettre que je pouvais m´ouvrir aux autres.

Mon poste de travail était divisé en plusieurs départements. C´était une grosse boite qui avait quelques filiales dans plusieurs villes. L´entreprise imposait à tous les salariés de connaître tous les sites et d´en changer régulièrement.

Un jour, on me muta dans une filiale où, principalement, des hommes y travaillaient. Tant que j´étais au bureau, j´avais de l´assurance, j´avais confiance en moi et j´étais détendue. Mais s´il fallait descendre au service de la production pour régler quelque chose, je perdais tout de suite mon sang-froid.

Peu à peu, cette gêne se dissipa et je remarquais que je me sentais bien dans cette filiale.

Un de mes collègues m´aborda un jour. A chaque pause, nous nous retrouvions pour discuter. Je me souviens encore aujourd´hui, le jour où Harald me prit dans ses bras et m´embrassa sans réfléchir. J´étais complètement déstabilisée et surprise. Dans des situations semblables, j´aurais tout de suite pensé à mon corps disproportionné mais là, c´était différent avec Harald. Je n´avais pas la sensation d´être différente des autres. Et pour la première fois et c´était quelque chose de nouveau pour moi. J´avais la sensation que quelqu´un me voulait du bien.

Et puis, Harald me laissa tranquille puisque sa pause était finie. J´étais un peu confuse. Je savais que moi aussi je devais reprendre le travail. J´avais terminé ma pause mais il était difficile de me concentrer.

J´attendais avec impatience la pause déjeuner pour revoir Harald.

Je suis allée à sa rencontre, mon cœur battait très fort. Je ne pouvais plus attendre de tomber dans ses bras, qu´il m´enlace. Mais pendant une des pauses. Je n´ai pas bien réagi. Harald était avec moi dans un coin caché du bâtiment.

Nous étions dans les bras l´un de l´autre quand ses mains ont commencé à glisser sur mon corps. A ce moment, je me suis crispée.

Je ne savais pas quoi faire. J´étais gênée qu´il me touche, que ses mains touchent mes jambes, mes fesses. Et pourtant, mon for intérieur me disait que je devais le laisser faire. Et pour la première fois de ma vie, je me laissais aller et je savourais l´instant présent. Je mettais de côté la sensation d´avoir honte de moi, de mon corps pour laisser la place aux sentiments.

Une sensation merveilleuse et voluptueuse. Je me sentais bien, en sécurité, en sûreté avec Harald. Quelques jours plus tard, à la pause déjeuner, Harald me fit sortir de mon bureau pour aller à sa voiture. Il s´assit derrière le volant de sa Golf rouge et mit de la musique, j´étais debout à la portière.

« Ich liebe dich, oh, oh, ich liebe dich… »

La chanson du groupe Clowns & Helden me vint à l´oreille. Personne auparavant ne m´avait fait une aussi belle déclaration d´amour.

Harald me regarda droit dans les yeux : « Je ne peux pas le dire aussi bien que dans la chanson mais je pense que tu as compris ce que je veux dire. »

Ses yeux bleus brillaient. Je me penchai vers la voiture et l'embrassai. Il sourit un peu confus et déconcerté.

A partir de ce jour-là, pour moi, Harald était différent des autres hommes que j'avais connus avant lui.

Nos collègues avaient bien-entendu vite compris et vu que nous étions ensemble. Et bien que quelques collègues soient contents pour nous d'être heureux ensemble, d'autres collègues trouvaient qu'on n'était pas fait l'un pour l'autre. Ils parlaient derrière mon dos que j'aurais pu choisir quelqu'un de mieux. Qu'un motard blond comme Harald n'était pas assez bien pour une petite secrétaire de bureau comme moi. Je n'arrive toujours pas à m'expliquer pourquoi on pensait cela de nous deux. Pourquoi est-ce qu'on faisait la distinction entre un ouvrier et une assistante travaillant dans un bureau ?

Aujourd'hui, je crois qu'on ne fait plus la différence entre les couches sociales, enfin, un peu moins qu'avant.

Harald et moi entreprirent beaucoup de choses ensemble. Nous n'étions jamais seuls pendant les pauses. Assis dans la voiture, nous discutions avec quelques collègues.

Nous avions tous les deux la même passion pour la moto et aimions les voitures. Nous avions le même style de musique et nous aimions nager ensemble dans des lacs.

Nous faisons tout ensemble. Et même si je me sentais bien avec lui, j'avais à plusieurs reprises un problème avec mes jambes, une phobie avec mon apparence.

Dans notre couple, il y avait toujours des situations où je ne me sentais pas à l'aise. Où je prenais l'excuse de mes jambes pour masquer mon manque de confiance en moi. Et si bien qu'un jour, c'est moi qui mena notre couple à une rupture inattendue et inespérée.

Harald m'avait invitée à faire un tour de moto. Au début, je n'en avais pas très envie car mes jambes étaient devenues de plus en plus grosses et je ne voulais pas m'asseoir sur la moto. Harald arriva avec sa moto BMW chez nous, enleva son casque et me regarda impatient et plein d'espoir. Il me tendit la main et me sourit : « Viens, monte, les autres attendent déjà. »

Je lui mentis : « Je ne me sens pas très bien, fais le tour de moto sans moi. »

Harald me regarda tout au fond des yeux. Je l'avais déjà fait patienter plusieurs fois avec des phrases comme celles-ci. Mais cette fois, je remarquais bien que c'en était trop et que la fausse excuse ne passerait pas. Il voulait qu'on aille ensemble chez une bande de copains. Nous voulions faire des grillades au bord d'un lac et au fond de mon cœur, j'en mourrais d'envie mais c'était ce diable en moi qui me rendait peu sûre de moi et qui ne voulait pas et qui ne pouvait pas y aller, pas le suivre.

Il me regarda droit dans les yeux : « Bon, comme tu veux ». Ses yeux bleus brillaient, rendant ses longs cils soyeux encore plus beaux. Ses cheveux blonds bouclés contournaient son visage lisse. Harald baissa les yeux et me repoussa.

Je n'étais pas habituée à cela de sa part. Je sentais ma confiance fondre de minute en minute.

J'entendis dans le murmure de sa voix qu'il était blessé et vexé. Et avant que je ne réagisse, il mit son casque, démarra sa moto et partit. Je sentis à cet instant un grand vide en moi. Je compris peu à peu que j'avais commis une faute et que j'aurais dû l'accompagner.

Je rentrais à la maison avec une mauvaise sensation. Je courus dans ma chambre m'allonger. Cette scène me travaillait et ne me laissait pas tranquille. J'étais énervée et me demandais si je pourrais réparer cette faute. Et puis, je me décidais à aller faire un tour avec mon chien pour me changer les idées. Ce qui ne me réussit pas trop.

Et puis, je fis ce que je faisais souvent : je filai sous la douche. Je pouvais là y faire couler les larmes de mon corps sans retenue. Je me déshabillai et laissai mes vêtements au sol. Et, je me suis mise devant le miroir de la salle de bain.

J'observai mon corps. Les épaules étaient très minces. On voyait bien les marques de mon sternum, mes clavicules ressortaient. Mon ventre était plat. Mais après, à partir de mes hanches, j'étais ronde. Mes cuisses étaient larges, généreuses et n'étaient pas fermes.

Et mes genoux ne ressemblaient pas du tout à ceux des autres femmes. Ils étaient ronds et on ne distinguait plus les rotules.

Au niveau extérieur des genoux, un amas de graisse semblait s'y être installé.

Je pinçai mes cuisses, je voulais prendre et serrer cette graisse dans mes mains.

La douleur était indescriptible tellement j'avais mal. Pendant quelques minutes, je regardais, auscultais mes jambes, ces jambes. Et puis, je me mis sous la douche, n'en pouvant plus, soulagée de sentir l'eau tiède couler sur moi.

Je ressentis tout à coup une grosse boule dans le ventre. J'avais du mal à respirer tellement la cage thoracique me faisait mal. J'avais tellement mal que je devais m'appuyer de mes deux mains contre le mur. Je me mis à pleurer. Au début, quelques pleurs silencieusement, et puis petit à petit de gros sanglots. Je ressentis une pression en moi, un poids lourd qui voulait s'échapper et se délivrer de mon corps. Je pris appui sur les carreaux mouillés et puis les mains sur mon ventre, je me fis glisser le long du mur.

Les larmes continuaient à couler. Mes cris étaient plus forts, plus puissants. Je ressentais de la détresse et des douleurs que je n'avais pas encore ressenti à ce jour.

Toute la frustration de ces derniers mois remontait à la surface. Je ne sais plus du tout combien de temps j'ai passé sous la douche.

A un certain moment, j'avais vidé toutes les larmes de mon corps.

Quand je sortis de la douche, je me mis encore une fois devant le miroir. Une chose était claire pour moi. « Celui qui ne se bat pas, a déjà perdu ! » Alors, il ne me restait qu'une chose à faire : un nouveau régime. Plus de sport. Il fallait que je fasse sortir, éclater, partir cette graisse de mon corps. Il fallait qu'Harald soit fier de moi. On pourrait faire alors de la moto ensemble et je n'aurais plus à lui mentir. Je serais assise derrière lui sur sa moto à sentir le vent décoiffer mes longs cheveux blonds. Je serais enlacée dans ses bras, allongée quand nous ferions un pique-nique. Il fallait que je me reprenne. Cela ne pouvait pas continuer comme ça.

Cette nuit-là, j'eus du mal à m'endormir. Je passai une nuit plutôt agitée. Je n'arrêtai pas de penser à Harald. Quand je me suis levée, je ne me sentais pas très sûre de moi. Je me rappelle encore m'être bien habillée et avoir mis son parfum préféré qu'il adorait sentir sur moi.

Arrivée à l'entreprise, je cherchais désespérément Harald. Il s'était mis en arrêt maladie. Je ne savais pas comment réagir. Je me décidai à l'appeler. Il ne décrocha pas son téléphone. L'après-midi, après le travail, j'allai chez lui. Sans succès, il n'ouvrit pas la porte. J'attendis alors le lendemain.

Le cœur palpitant, je partis plus tôt que d'habitude travailler pour pouvoir l'attendre dans le couloir qu'il prenait pour aller se changer.

Quand je l'aperçus, mon cœur battit très vite et très fort. Je fis de grands pas pour le rejoindre. Harald avait baissé son regard.

Je vis tout de suite que quelque chose était différent cette fois-ci, que quelque chose avait changé ces derniers jours.

Toute anxieuse, je lui posai directement la question : « Qu'est-ce qu'il y a ? Pourquoi est-ce que tu ne me regardes pas ? »

« Je ne me sens pas trop bien. »

« Je peux peut-être t'aider ? » Je ressentis la peur me monter au ventre.

« Oui, tu le peux. En ne te foutant pas de ma gueule. Tu crois vraiment que je ne vois pas que tu me prends pour un con ! »

Je me souviens encore que je ne savais pas comment réagir. Mon cœur battait si fort que j'entendais à peine ses mots.

« Je ne te comprends pas... », bredouillai-je.

« C'est terminé, fini. J'en ai ras le bol que tu te foutes de moi. Tu n'as jamais de temps. Tu cherches à chaque fois des excuses pour ne pas te montrer avec moi. Avec peine et beaucoup de persuasion, tu m'accompagnes chez mes copains. J'ai l'impression de ne pas être assez bien pour toi. Mes copains n'ont plus, semble-t-il.

Tu joues à quoi ? Moi, le simple petit ouvrier, toi, la gentille petite secrétaire de bureau. Ça te fait honte, ça se voit bien. Et moi qui pensais... » Harald frappa de sa main contre la porte et puis se tourna vers moi. Ses yeux étaient remplis de colère. Il me regarda froidement.

« Les autres avaient raison. Que nous deux, ça ne mènerait à rien. » Que tu t'amuserais bien avec moi, dis-donc quand voulais-tu me dire qu'il y avait quelqu'un d'autre dans ta vie ? »

Il se pencha vers moi. Sa respiration était rapide et profonde.

Les larmes me jaillirent aux yeux. Je pleurais et murmurais : « Harald, s'il te plait, ce n'est pas du tout ce que tu crois. »

« Arrête, fais une croix dessus, je ne te crois plus. »

Il me regarda fixement dans les yeux.

Harald se retourna et me laissa seule. Je tendis la main pour le rattraper, mais il s'en allait déjà.

Comment lui expliquer que je voulais le voir, que j'avais envie de le voir, que je l'aimais vraiment, que je l'aimais profondément. Que j'avais des problèmes avec mon corps, avec mon apparence. Que c'était bête de m'être comportée de la sorte. Je restai clouée sans rien dire. Et puis je me terrai dans mon bureau. A la fin de la journée de travail, je ne vis pas sa voiture sur le parking. Je montai triste et sans entrain dans ma voiture et rentrai.

Les jours suivants, Harald m'évita. Bien entendu, les collègues l'avaient bien remarqué et ils se faisaient une joie d'en discuter derrière mon dos. Mais personne n'aborda le sujet. Harald prenait toujours un autre chemin pour m'éviter et ne pas avoir affaire à moi. J'essayais à plusieurs reprises de le voir et de lui parler mais peine perdue.

Le siège de l'entreprise me pria de revenir travailler là-bas. Je partis sans pouvoir dire aurevoir.

Quelques mois plus tard, j'appris qu'Harald avait beaucoup souffert de notre séparation qu'il avait été très blessé, que je lui avais donné le sentiment qu'il n'était rien pour moi. Pour lui, c'était sa première relation sérieuse, il s'était souvent reproché ce qu'il avait fait de mal. Harald s'était donné la faute.

Il n'a jamais pensé que la faute était à chercher de mon côté, chez moi. Que je devais assumer, moi seule, cette rupture.

Je ne le revis que seulement quelques années plus tard. On était tous les deux en train de prendre de l'essence à une station-service et il me fit un signe assis dans sa voiture. Je lui répondis aussitôt en lui faisant aussi un signe. Nous sommes descendus de notre voiture tout souriant. C'était tout de suite comme avant, si familier et si intime. On pouvait enfin parler, dire ce qu'on avait sur le cœur. Il me raconta ce qu'il avait fait toutes ces années.

Après notre rupture, il n'était pas resté longtemps travailler à l'entreprise. Il n'avait pas pu supporter les questions incessantes des collègues concernant notre rupture. Il avait voulu redémarrer à zéro. Il avait voulu quitter ses racines.

Je me sentais coupable en l'écoutant. Je voulais absolument tout raconter à Harald, lui avouer ce que j'avais et c'est ce que je fis. Je lui racontai tout, lui parlai de mes jambes, lui expliquai mes sentiments et mes peurs. Ma voix tremblait et le désir de pouvoir le toucher était immense.

Je pouvais enfin lui raconter tout ce qui s'était enlisé et accumulé ces dernières années. Il secoua de la tête. Il ne comprit pas pourquoi je m'étais comportée de cette façon et il insista sur le fait que j'aurais dû lui en parler, qu'il en avait eu le droit. Il s'agissait de nous, de notre couple. « On serait toujours ensemble, crois-moi, encore à l'heure actuelle. Si tu t'étais ouverte à moi, mais tu ne l'as pas fait. Tu ne m'as pas fait confiance. »

« Je te faisais confiance, crois-moi bien, mais, à cette époque je n'avais pas assez de courage et de force. »

Il acquiesçait de la tête et rétorqua : « Enfin bon, c'est comme ça, c'est la vie. »

Nous sommes restés un long moment sans rien dire l'un à côté de l'autre. Et puis, il fit un pas vers moi et il me prit dans ses bras. C'était si bon, vraiment bon. Je le pris aussi dans mes bras et fermai les yeux. Je posai ma tête sur ses épaules et je savourai cet instant précieux. Puis Harald reprit :

« Peut-être qu'on pourrait prendre un verre ensemble avant que je retourne à Munich ? »

Je m'entendis dire : « Oh oui, bonne idée. »

Harald acquiesça, me regarda droit dans les yeux et dire « Super, je t'appelle. »

Et sans rajouter un mot de plus, se leva et monta dans sa voiture. Il démarra au quart de tour, si bien que les pneus crissaient sur le parvis de la station-service.

Je le regardais s'en aller. Je savais que c'était un adieu définitif, pour la vie.

Il ne m'a jamais appelé depuis. On se s'est jamais revus.

Aujourd'hui, ça me console de savoir que j'ai pu lui raconter et lui expliquer mon comportement et vider son sac. J'ai pu tomber dans ses bras, j'ai eu la chance de revoir ses beaux yeux bleus. Je sais maintenant qu'il y a des hommes qui aiment les femmes ayant un lipœdème, même si elles ne font pas partie des normes de la société.

Si on nous, femmes touchées par le lipœdème et le lymphœdème, comprenait un petit peu et si on nous soutenait, la vie serait beaucoup, beaucoup plus simple et plus facile dans beaucoup de domaines.

A cause de ma propre idiotie, j'avais perdu un être cher qui avait beaucoup compté dans ma vie. Je ne voulais plus revivre cela une seconde fois. J'étais consciente qu'il fallait que les choses changent et bougent. Alors, je pris le taureau par les cornes ou plutôt le lipœdème et je pris la décision de me battre et d'entreprendre quelque chose contre mon poids. Je me mis à la recherche d'une pharmacie.

A la pharmacie, je me renseignai sur les nouvelles possibilités pour perdre du poids. A cette époque, un nouveau médicament était sorti sur le marché. Des coupe-faim qui réduisaient la faim, la sensation de faim. Je pris cela pour une aubaine, une chance de pouvoir perdre un peu de poids. Les gélules étaient petites et de deux couleurs : je pouvais reconnaître de petites perles sur les comprimés.

Malgré avoir pris tous les jours ces comprimés, ma faim ne diminuait pas. Alors je décidai de supprimer le diner. J'économisais de la sorte des calories. Au bout de quelques mois, ne voyant pas d'amélioration, j'arrêtais de prendre les gélules.

Avec le temps, je me suis forgée une certaine confiance en moi. Je sortais, j'allais à quelques fêtes, je m'entourais de gens. Et puis, un beau jour, je fis la connaissance de mon mari. Je me rappelle très bien quand et comment nous nous sommes rencontrés. Il était à une buvette. Après un match de foot, il était parti prendre une bière avec des copains. Comme le destin en avait décidé ainsi, j'avais soif moi aussi et je voulais commander une eau minérale. Un jeune homme devant moi, au comptoir avait un peu trop bu.

Il voulut quitter le comptoir si bien que je dus faire un pas en arrière et en reculant, j'ai marché avec mes talons sur les pieds de mon futur mari. Il trépigna, se mit à se plaindre, à gémir. J'étais confuse de lui avoir fait si mal que ça.

Alors pour m'excuser, je voulus lui offrir une bière. Il accepta et nous avons commencé à bavarder.

Et voilà, nous sommes mariés.

Je ne voulais pas commettre la même erreur avec lui. Après quelques mois, je vidai mon sac, lui racontai tout. Si, pour lui, notre relation avait de l'avenir, il fallait qu'il me dise si mes grosses jambes le dérangeaient. Après lui avoir tout déballé, je le renvoyai chez lui en lui disant que si pour lui c'était du sérieux, alors qu'il se manifeste.

Le lendemain, Bernd était devant ma porte. Il avait choisi. Il voulait qu'on soit ensemble. J'appris à avoir confiance en un homme.

Je dus apprendre à m´ouvrir, à parler librement de mes sentiments. Bernd avait beaucoup d´égard pour ma personne dans beaucoup de situations. Il discutait avec moi de problèmes divers, me donnait le sentiment que je pouvais compter sur lui, lui faire confiance. La base de notre relation était ainsi fondée.

Je me souviens qu´un jour il commença à vouloir m´acheter un soutien-gorge. Il insista pour que je l´essaye dans la cabine d´essayage. Il voulut absolument que je lui montre tous les modèles essayés. Il s´y était bien pris : me montrer devant lui en sous-vêtements.

Maintenant, avec du recul, et quand je mets cette anecdote sur le papier, j´ai le sourire au bout des lèvres. A chaque achat, Bernd discutait avec la vendeuse sur le modèle, la coupe, le bonnet etc, etc… Toujours et toujours, il s´amusait à faire des plaisanteries pour déconcerter la vendeuse. Moi, j´étais, ainsi beaucoup moins stressée. Bernd allait d´un grand pas dans le rayon sous-vêtements. Il était curieux et intéressé et il m'envoyait dans la cabine d'essayage avec un ou deux modèles.

« Le noir a beaucoup de dentelle, il faut que tu l'essaies ». Il me regardait avec insistance. Ses yeux savaient exprimer ce qu'il voulait.

« Bon d'accord, j'essaie de le passer. »

« Pas de « j'essaie de », mets-le et c'est bon. »

Il fermait le rideau et partait à la recherche d'autres modèles. Quand une vendeuse s'approchait de lui pour le conseiller, c'était peine perdue pour elle.

Je me souviens d'une fois où une vendeuse lui avait demandé poliment si elle pouvait l'aider. La chose qu'elle n'aurait pas dû faire. Bernd la questionna : Où prenait-on les mensurations, sous la poitrine ? Comment calculait-on la grandeur du bonnet ? Et pourquoi est-ce qu'il y avait des bretelles ? Pourquoi est-ce que certaines étaient plus fines et d'autres plus larges ? Pourquoi est-ce que certains soutien-gorge avec de la mousse étaient rembourrés et avec de la dentelle ?

Pourquoi est-ce qu'il y avait des soutien-gorge avec armatures et sans armature ? Pourquoi rembourré alors qu'un autre était fait d'un tissu si léger ?

Bernd est un homme qui est là, au bon moment, au bon endroit quand il le faut pour une femme. Il me raconte souvent comment il voit les femmes.

Une fois, nous étions à la piscine. Je fis la connaissance d'une femme et je bavardais avec elle. Elle était jolie et aussi ronde.

Au début, tout allait bien entre nous-deux. Le lendemain, on se retrouvait pour aller nager et pour bavarder. Au bout de la troisième ou quatrième fois, elle me jeta la phrase fatidique en pleine figure : « Je suis célibataire et je dois dire que si toi, tu as un homme, alors moi aussi, j'en aurais bien un. »

Je la regardais consternée. Ses mots m'avaient blessée. Je ne sais pas combien de temps j'ai poireauté devant elle, incapable de réagir. Et puis, je m'entendis dire. « Oui, pourquoi pas, tu n'es pas mal non plus. »

Je ne me compris pas non plus. Je n'en croyais pas mes oreilles, j'avais osé lui dire ça. Et voilà qu'on y était. Même entre grosses, entre rondes, il y avait des piques que ces femmes se balançaient entre-elles.

Un vrai combat de coqs. Voilà ce que c'est. Je commençais à ruminer. Les questions défilaient dans ma tête. Pourquoi est-ce que l'apparence avait une telle importance ? Pourquoi est-ce que les femmes pensent tout le temps que les hommes regardent d'abord le derrière d'une femme pour tomber amoureuse ou les jambes d'une femme ? Peut-être qu'il y a plus d'hommes comme Bernd qui regardent plutôt le cœur.

On regarde toujours l'apparence, l'idéal de beauté est mis toujours en avant. Être mince signifie être attractive. Pour moi, être mince veut dire entretenir son corps de façon saine.

Certes, l'apparence est bien-sûr importante pour notre cœur. Mais à la fin, la santé joue un rôle beaucoup plus important en fin de compte.

Il est bien que ce genre de réflexions ne me touche plus depuis quelques années et que je ne les entende plus.

Quoique, je me rappelle d'une histoire qui s'est passée il y a quelques années et qui me reste gravée à jamais.

Bernd et moi étions invités chez des amis à un barbecue. Nous étions assis chez eux dehors. Nos amis habitaient à la campagne et leur maison était entourée de champs de blé.

C'était l'été et l'odeur de la fin d'été était dans l'air. On entendait le bruit des moissonneuses au loin. Le soleil commençait à décliner. Nos amis avaient invité une quinzaine de personnes chez eux. Nous étions assis à une longue table à côté du barbecue et d'un vieil abri retapé en bois.

L'ambiance était sereine et harmonieuse. Tout le monde riait, s'amusait bien. Bref, on passait tous un bon moment ensemble. Je regardais un court instant le champ d'à côté. Le vent caressait mes bras et le blé dansait au rythme du vent. De loin, je voyais la moissonneuse jaune et je la contemplais battre le grain. La poussière que faisait la machine soufflait dans une autre direction où nous étions.

Le paysage avait un air de carte postale.

Je savourais cet instant et je me sentais si détendue que je me perdis dans mes pensées. A un moment donné, je remarquai que tout était devenu très calme autour de moi.

Tout le monde me regardait.

« Quoi, j'ai loupé un truc? Je souriais et pensais que quelqu'un avait fait une blague sur moi parce que je m'étais « absentée » quelques instants.

Petra Jahrend   Lipœdème aimer vivre pleurer

J'eus le bon pressentiment. Quelqu'un avait fait une plaisanterie sur moi au moment où je n'avais pas écouté. Quelqu'un voulut une veste car le vent était devenu frais. Mais elle l'avait oubliée chez elle.

Notre amie s'était vite empressée de lui en chercher une pour lui prêter. Au début, je ne compris pas la plaisanterie. Notre ami se racla la gorge et dit : « Anne a fait une plaisanterie désobligeante ». Tout le monde baissa de la tête. Je ne comprenais toujours pas.

« Et pourquoi, quelle réflexion ? »

Anne coupa la parole à Holger et raconta toute fière d'elle. « Je disais que si Peti voulait, elle aussi, une veste … et bien que je n'en aurais pas car on vient de prêter la toile de tente de quatre personnes. »

Je regardais bouche-bée Anne. Ma bouche était sèche. Les mots me manquaient !

Un invité se racla la gorge et demanda s'il y avait encore une bière. Il se leva et se dirigea vers le barbecue. Les autres invités, regardaient leur assiette, visiblement gênés et tous pris de honte.

Anne, elle était debout toute souriante et remettait ses cheveux bruns derrière ses épaules. De son index, elle rajusta ses lunettes sur son nez pour enfin se servir de quelques salades composées pour les manger à son aise.

« J'estime qu'il faudrait que tu t'excuses. » La voix de Holger était claire et nette.

« Et pourquoi donc, c'est pourtant vrai, on n'a aucune veste qui lui irait. »

Anne regarda dans son assiette et voulu prendre une saucisse grillée. Holger avait dans ses mains un verre de bière. « Anne ! ».

« Laisse-moi tranquille et fous moi la paix s'il te plaît, d'accord ? »

L'ambiance était devenue étouffante. Beaucoup se regardaient du coin de l'œil et attendaient.

J'essayai de faire comme si rien ne s'était passé et demanda s'il y avait encore une saucisse et me tourna vers Holger.

Nous parlions de la pluie et du beau temps jusqu'à ce qu' Holger me prenne de côté et s'excusa pour Anne. Je secouai de la tête et mis ma main sur son bras.

Holger n'était pas quelqu'un qui prenait les choses à la légère. Il m'aimait bien et ne trouvait pas que j'étais corpulente.

Holger, lui, était brun, mince et élancé. Ses lunettes couleur or allaient très bien avec ses cheveux bruns et sa barbe naissante. Il est un de ces hommes qui acceptent les femmes telles qu'elles sont, avec leurs bons et mauvais côtés.

J'ai vécu beaucoup de choses dans ma vie. Bien souvent ri et très certainement autant pleuré. Des amitiés sont nées et se sont éteintes. Souvent, c'est moi qui ai pris mes distances parce que je voyais moi-même que j'avais du mal physiquement à me déplacer.

Je ne sais pas ce qu'il en est des femmes touchées. En fait, en tant qu'ami(e), on devrait être à l'écoute et se sentir bien auprès de ses amis. Est-ce qu'on peut qualifier d'ami(e) quelqu'un qui vous contrarie, qui vous blesse, qui vous rend malade ?

Surtout de nos jours, les amitiés sont vite faites et défaites. A peine pense-je avoir trouvé une bonne copine qu'elle disparaît. Je suis toujours liée d'amitié avec Holger. Concernant Anne, on va tout simplement dire qu' on se connait.

Je pense que c'est mieux comme ça pour tout le monde. Quelques années plus tard, Holger était notre témoin à notre mariage. Puisqu'il était là et, l'est encore, à mes côtés, j'avais tenu à ce qu'il soit notre témoin, mon mari n'avait rien contre, au contraire.

Je me souviens d'une anecdote à la mairie qui me fait encore aujourd'hui sourire. Juste avant d'entrer à la mairie, Holger se pencha vers moi pour me dire : « Peti, tu fais quoi, si la bague est trop petite et ne veut pas rentrer à ton doigt ? »

Je regardai Holger en souriant ... et haussai les épaules. Un large sourire se dessinait sur ses joues. « Ça peut arriver, non ? »

Ses yeux brillaient de par son impudence et de légèreté. Si bien que je lui mis mon coude dans les côtes.

Holger ne savait pas du tout à quel point il avait eu une bonne intuition. Mes mains gonflaient énormément, tout comme mes jambes à la chaleur.

Certains jours d'été, j'ai même l'impression que je n'élimine pas ce que je bois. Je réfléchis vite si ce jour-là faisait partie de ces jours et si peut-être à cause de ma nervosité, je ne m´étais pas rendu compte que mes doigts avaient gonflé. Mais, je laisse de côté mes pensées négatives.

Mais arriva ce qu´il avait redouté- Lorsqu´à la promesse de mariage, Bernd et moi, faisions passer nos alliances à nos annulaires, ma bague resta coincée, elle ne voulait pas passer à mon doigt.

Je regardai toute de suite Holger. Il s´était bien-entendu aperçu que la bague ne rentrait pas et il avait du mal à garder son sérieux. Il se pencha un peu en avant et jeta un œil sur moi de bas en haut. Ses joues étaient rouges et il me semblait qu´il allait se mettre à rire ou bien à pleurer à tout instant.

Pendant qu´ Holger était entre les rires et les pleurs, Bernd se battait avec mon doigt gonflé. Je trouvais cela amusant, clignais des yeux et souriais à Bernd. Et c´est Holger qui sauva la situation en disant : « Alors, Bernd, tu n´as pas pris de petit-déj´ ce matin ? »

Bernd ne disait rien. Il réussit tout de même à me mettre la bague au doigt.

Je contemplais ma bague à mon doigt, essayais de la faire tourner en regardant Holger. Ce dernier me regardait souriant et haussait les épaules.

Plus tard, après avoir balayé les grains de riz sur le perron de la mairie et après avoir, comme le veut la tradition ici, coupé une bûche de bois, Holger s´approcha de moi. « Eh bien, dis-donc, c´était juste… » Je ris de si bon cœur que nous sommes tombés dans les bras l´un l´autre.

Je ne sais plus combien de fois il me charrie avec cette anecdote. J´ai toujours le sourire aux lèvres en y repensant.

Le lendemain, on se mariait à l'église. Mais la veille au soir, il s'est passé quelque chose dont toutes les mariées aimeraient bien se passer et ne pas connaître. Un vrai cauchemar. Je me rappelle encore très bien que j'avais mal au dos. J'avais dû faire un faux mouvement si bien que mon dos me faisait très mal.

Je pouvais à peine marcher, je me mis à pleurer. On mit un moment à comprendre que j'avais besoin de soins médicaux. Bernd appela un médecin. C'était le soir et on avait prévu de passer tranquillement la soirée avec les premiers invités. Mais voilà que j'avais de terribles douleurs dans le dos et que je ne pouvais pas lever ma jambe droite. J'avais l'impression que des centaines de coups de couteau me poignardaient la jambe.

Je pouvais à peine tenir debout. M'asseoir était la dernière chose qui me serait venue à l'esprit. Le médecin arriva. Son diagnostic n'était pas très encourageant. Il soupçonna une hernie discale. Le médecin me donna une piqure et m'ordonna de me mettre au chaud.

Je pouvais à peine dormir cette nuit-là. Bernd pensait déjà à annuler le mariage. Mais le lendemain, les douleurs s'étaient estompées et je pouvais mieux marcher. Les heures jusqu'à la cérémonie ne défilèrent pas. Ma cousine était déjà là et ne me quittait pas d'un mètre. Elle observait minutieusement comment l'esthéticienne me maquillait.

Elle vérifiait si chaque mèche de cheveux était bien mise.

Elle ne me lâchait pas d'une semelle. Je pense qu'elle était beaucoup plus nerveuse que moi.

Rosi était quelqu'un qui bougeait tout le temps, elle ne pouvait pas rester en place cinq minutes, elle respirait la joie de vivre. Elle était mince et petite avec beaucoup de tempérament, elle attachait toujours ses cheveux blonds.

Ce jour-là, elle courait d'une pièce à l'autre. Elle prenait dans ses mains plusieurs fois le petit coussin de mariage pour les alliances, refaisait le nœud du ruban qui nouait les bagues.

Elle mettait le ruban à droite et puis à gauche. Elle défaisait tout et puis recommençait à zéro. Rosi était en perpétuel mouvement, marchait, bougeait toujours. Ce jour-là, elle s'est vraiment surpassée avec ses va-et-vient interminables.

C'était aussi Rosi qui regarda trente-six fois l'heure et qui put enfin m'annoncer d'aller dans le salon où Bernd m'attendait déjà.

Elle me suivait et n'arrêtait pas de tirer sur ma traîne. Il fallait que tout soit parfait.

Puis, elle ouvrit la porte, rentra dans le salon et ouvrit grand les bras : « Puis-je te présenter, Bernd, ta mariée ».

Je rentrai à mon tour dans le salon de mes parents et me mis en face de Bernd. Bernd portait un magnifique costume foncé, il se tenait debout en plein milieu du salon et m'attendait impatiemment. Ses yeux étaient remplis de larmes. « Tu es magnifique ».

Je pris sa main, et Bernd me prit dans ses bras.

Il me serra doucement contre lui.

Rosa ferma les yeux, contente, satisfaite et soulagée.

Elle se retourna et de sa manière à elle, frappa dans ses mains. « Allez, hop, dehors, les tourtereaux veulent être que tous les deux quelques secondes. »

Elle poussa quelques personnes pour les faire sortir et ferma la porte derrière elle.

Bernd me caressa le dos : « Tu es magnifique » répéta-t-il. « Mais, ça va avec ton dos ? »

J'avais posé ma tête sur son épaule et sentais son parfum que j'aimais tant. « Tout va bien, tout va bien se passer, Bernd. «

Tout était si calme que je pouvais entendre la respiration de Bernd. Il était si calme, ce qui me rassura et me fit du bien. On entendait dans la cour les invités qui étaient déjà arrivés, la musique et le rire des enfants.

Puis, tout à coup, Rosi entra brusquement dans la pièce. « Bon, les amoureux, c'est du sérieux maintenant, on ne rigole plus. Il n'y a plus de marche arrière, Bernd. Allez hop, la calèche est déjà là et vous attend. »

Je devais rire : « Rosi, c'est bon, on se dépêche, on est déjà en route. »

« Eh oui, mais vous avez vu l'heure ? »

Et puis elle se tourna vers moi : « Tout va bien avec ton dos ? »

Je voulus ouvrir la bouche et lui répondre mais Rosi me tourna déjà le dos et couru vers la porte d'entrée qu'elle s'empressa d'ouvrir.

« Et voilà, les futurs mariés ! »

Nous sortions de la maison, nos amis et les voisins nous attendaient déjà. Ils avaient formé une petite allée jusqu'à la calèche qui nous attendait déjà.

A ce moment-là, je me suis posée la question de savoir comment j'allai pouvoir monter et rentrer dans la calèche.

Je me tenais devant la calèche noire qui était décorée de fleurs coupées et je réfléchissais comment monter la première marche. Mon regard tomba sur Bernd et puis sur Holger qui était à quelques pas de moi. J'étais désemparée, ne savant comment faire.

Bernd avait déjà ouvert la petite porte de la calèche et me tendit sa main quand Holger accourut à mes côtés et dit : « Bon, Bernd aujourd'hui, j'ai tout de même le droit de choper et toucher le beau derrière de la mariée ». Il riait et ses yeux brillaient.

Ses joues étaient écarlates. Et hop, il posa ses mains sur mon derrière et me poussa dans la calèche. De par son geste et ce qu'il avait dit, tout le monde s'était mis à rire.

On était sauvés.

Je portais une longue robe large qui accentuait mon ventre plat et mes minces épaules. La robe s'élargissait à la taille et ainsi personne ne pouvait voir ou même deviner mes grosses jambes. La coupe était si bien faite qu'elle me donna une certaine confiance en moi.

Grace aux médicaments, je ne ressentis que de légères douleurs dans le dos et je ne sentis pas mes jambes lourdes.

Il fallait toutefois que je prenne régulièrement mes comprimés. J'aurais été sinon incapable de faire un pas.

Je m'étais préparée moralement à avoir les pieds gonflés, à pouvoir à peine marcher, à ne pas pouvoir danser. Mais à avoir précisément le jour de mon mariage une hernie discale, non, je ne m'y étais pas préparée.

Malgré mon mal de dos, le mariage s'est très bien passé, et nous avons passé une excellente journée. Nous avions un beau gâteau de mariage, il avait sept étages et était délicieux.

Nous étions rentrés à la maison un peu avant le lever du jour. Certains devaient se lever à cette heure-là. Nous, nous voulions seulement retrouver notre lit.

Je n'oublierai jamais le moment où j'ai voulu enlever les chaussures. Je n'arrivais pas à sortir de mes escarpins couleur argentée. Mes jambes et mes pieds avaient tellement gonflé qu'il m'était impossible d'ôter mes chaussures. Il a fallu que Bernd m'aide pour les enlever…

Holger n'est pas seulement notre témoin, il est aussi le parrain de notre fils.

Et puis je suis tombée enceinte. Déjà, pendant la grossesse, j'avais très mal aux jambes. Si mal que j'avais de la peine à marcher. Je n'allais pas bien du tout. Ma gynéco me répétait de boire de la tisane d'ortie. Rien n'y faisait.

Je ne pris pas de ventre pendant la grossesse. Je ne pris pas beaucoup de poids. Par contre, mes jambes, elles, grossissaient à vue d'œil. Je n'arrêtais pas de pleurer.

Je voulais un ventre de femme enceinte. Je voulais le montrer, le présenter. Mais rien n'y faisait. Par contre, mes fesses grossissaient et prenaient des proportions alarmantes, affolantes.

« Tu portes ta grossesse de derrière », ce sera certainement une fille. » Les yeux de ma mère brillaient. C'était peut-être pour ma mère une explication logique mais pas pour moi.

A cette époque, la maladie ne m'avait pas encore été diagnostiquée. Je ne pouvais pas m'expliquer pourquoi mes jambes gonflaient et grossissaient ainsi et pourquoi j'avais terriblement mal aux jambes.

Ma grossesse ne se passa pas très bien, pas comme nous l'avions espéré. J'avais du mal à porter le bébé. Soit j'étais à l'hôpital, soit couchée sur le canapé. Et quand je me sentais un peu mieux, que les nausées s'estompaient, mes jambes enflaient et enflaient, gonflaient et gonflaient. Je pouvais reconnaître aux douleurs dans les jambes que je faisais de la rétention d'eau. J'étais au bord du désespoir. Certains jours, ma peau brillait tellement comme si elle allait à tout moment éclater, craqueler. La lourdeur et la pression dans les jambes rendaient ma peau ainsi.

Personne ne pouvait me donner une explication pourquoi mes jambes gonflaient ainsi. Le matin, en me levant, je savais d'avance que je découvrirais sur mes jambes deux- trois bleus. Quand je me tapais dans quelque chose, je gémissais de douleurs.

J'ai encore en mémoire les jours où je paniquais à l'idée de devoir faire prendre ma tension. Seul le fait de mettre le brassard sur mon bras me rendait folle et malade. Je bougeais tellement, le brassard me faisait terriblement mal. Les douleurs étaient incroyables. Gênée et embarrassée, je ne regardais pas ce que l'infirmière faisait. J'essayais de relativiser en me disant : « Mon dieu, t'es vraiment une poule mouillée et une chiffe molle. Tu t'imagines que ça fait mal, mais ce n'est rien du tout. »

Je commençais à faire mon mea culpa. Je ne savais pas encore que le lipœdème s'était peu à peu répandu dans mes bras à la grossesse. Puisque j'avais une grossesse à risque, je devais me faire ausculter tous les quinze jours.

Et tous les quinze jours, rebelote, prise de tension. Si au début, je ne portais aucune attention à la prise de la tension, au fil du temps, je me mis à voir une aversion.

Mettre le garrot sur mon bras pour faire une prise de sang n'était pas non plus une mince affaire. L'appréhension de devoir tendre mon bras et de fermer le poing me mettait dans un état inimaginable.

Je commençais à trouver des excuses pour ne pas faire de prise de sang, ce qui n'était pas bon et bien. J'essayais quand même. Je n'arrivais pas à m'expliquer ces douleurs dans les bras. J'avais très souvent des bleus après dans le haut des bras.

Il fallait absolument que je me ménage pour éviter toute autre complication. Je devais éviter le moindre effort. J'étais un peu déprimée. Mettre un pied dehors, montrer mon ventre de femme enceinte, faire les magasins et acheter des affaires pour le bébé. Tout cela m'était déconseillé.

Je me répétais souvent : Il fallait que je couve mon petit poussin.

Durant ce chapitre de ma vie, je pus savoir sur qui compter parmi nos amis. Les amis que je pensais être « mes amis » n'attachaient pas beaucoup d'importance à ma grossesse et à ma personne. Je réalisais qu'il ne fallait pas un grand cercle d'amis mais plutôt un petit sur lequel je pouvais compter.

Les amis avaient beaucoup d'importance pour moi. Des personnes honnêtes, qui ne m'enviaient pas, qui ne me jalousaient pas, qui étaient contentes pour moi, qui étaient là quand ça n'allait pas. Qui étaient à mes côtés quand j'avais besoin d'aide et quand j'avais besoin d'eux.

Les amis sont ceux que je peux appeler à deux heures du matin en leur demandant de l'aide, qui prennent leur voiture pour accourir nous aider, nous épauler, oui, c'est ça l'amitié.

Enfin, au bout du septième mois de ma grossesse, mon ventre commença à s'arrondir. Mais, malheureusement, pas seulement mon ventre, mes jambes aussi. J'attendais avec impatience la fin de la grossesse. Dans l'espoir que j'aille mieux. Que je marche normalement et que mes douleurs puissent enfin s'estomper.

Jan-Christian est né par césarienne. J'avais tenu à le voir tout de suite après l'accouchement. Malheureusement, on me priva de ce privilège. La césarienne ne s'était pas passée comme il le fallait et je dus rester en observation au service des soins intensifs. Je ne pouvais pas voir mon fils, pas le regarder, car mes yeux étaient si enflés. Je pouvais toutefois l'entendre. Mais je ne pouvais pas le toucher. C'était horrible, complètement horrible. Au bout de deux jours, je quittai les soins intensifs et on me transféra au service gynécologique. A partir de ce moment-là, j'espérais que tout allait se normaliser et redevenir comme avant. J'imaginais que mes jambes reprendraient leur taille initiale. Peine perdue. Toutefois, mes pieds étaient moins gonflés et j'avais moins de pression, moins de poids dû au bébé et ainsi moins de douleurs. Je pouvais rentrer dans des chaussures ouvertes à ma sortie de la maternité, c'était déjà ça bien !

J'avais mal à chaque fois que je posai le pied par terre. Je mis cela sur le compte de la chaleur, on était en juillet.Au bout de quelques jours, je commençai à dégonfler. Beaucoup m'admirèrent et m'envièrent d'avoir si vite retrouvé ma silhouette d' autrefois en si peu de temps.

Enfin, c'était ce que les gens pensaient croire quand je mettais des vêtements d'été. Je ne m'étais plus mise en pantalon depuis l'accouchement. Et ce n'est qu'à l'automne, quand l'air se mit à être plus frais que je me décidai à me remettre en pantalon. Et, même si je m'en doutais un petit peu, la réalité était dure à voir, à regarder en face. Je ne rentrais dans aucun pantalon. Je pouvais seulement l'enfiler seulement jusqu'aux genoux, pas plus haut, mes cuisses ne rentraient plus dans un pantalon. Mes mollets avaient pris aussi de l'ampleur. J'étais debout dans la chambre, complètement choquée et à bout de nerfs. Je n'en croyais pas mes yeux. J'étais consciente que je n'avais porté que des robes durant l'été et que j'avais fait deux trois écarts. Mais je ne m'attendais pas à ce résultat. Etre confrontée à cette réalité dépassait de loin mon imagination.

Quand mon mari rentra le soir, je pleurai encore, assise sur le lit.

« Je ne rentre plus dans mes pantalons. »

« Pourquoi est-ce que tu ne m'as pas dit que mes jambes étaient devenues si énormes ? »

J'étais triste et je passais ma mauvaise humeur et ma détresse sur mon mari. Il était là, devant moi, consterné.

« Petra, elles sont devenues un peu plus fortes, c'est tout. Achète-toi de nouveaux vêtements, c'est bien pour toi, moins bien pour moi. C'est mon portefeuille. »

Je secouai de la tête.

« Tu ne comprends rien ou quoi ? »

« Je ne rentre plus dans mes pantalons, je ne vais pas bien. Et toi, tu me dis des choses qui n'ont pas de sens. »

Bernd était cloué devant moi. Il voulait me consoler, il avait trouvé les bons mots. Mais je ne voulais pas les écouter. J'étais occupée à me lamenter sur mon propre sort et à me plaindre. Jan-Christian dormait tranquillement dans son berceau. Le voir dormir profondément me calma et me rendit plus sereine. Pour rien au monde, je n'aurais voulu changer le cours des choses concernant Jan-Christian. Même si la grossesse avait été difficile et l'accouchement compliqué. J'étais fière d'être mère.

Certes, mes jambes n'avaient jamais été aussi énormes mais cela en valait le coup. J'avais le plus beau cadeau qu'une femme puisse avoir dans les bras. Je caressais la tête de Jan et lui souriait.

J´avais un enfant en bonne santé. Une vague de joie m´envahit, explosa à cet instant. J´étais toute fière. Je m´en foutais de mes grosses jambes. La vie continuait, la vie était belle. Bien-entendu, j´étais allée consulter mon médecin de famille et ma gynéco après l´accouchement. Et il me fallait toujours entendre la même musique, le même refrain. « Il faut vous mettre au régime, faites du sport. Maintenant avec un bébé, vous avez la possibilité de sortir et de bouger. »

Les mois passèrent. Je remarquais que j´étais moins libre dans +mes mouvements. J´avais du mal à m´agenouiller. M´accroupir engendrait des difficultés, mes jambes étaient endolories et j´avais une sensation bizarre dans les jambes. Aller au terrain de jeux avec Jan pour jouer dans le bac à sable, s´y asseoir me coutait beaucoup efforts.

Jalouse, j´enviais les autres mamans. Elles jouaient si agilement avec leurs enfants. J´étais complètement incapable d´en faire autant ou de les suivre.

Peu à peu, les douleurs dans les jambes s'intensifièrent. Ce qui m'attristait de plus en plus. Jan-Christian aimait beaucoup jouer avec ses Légo. Il adorait jouer au petit train avec ses Duplo. Ce qui signifiait pour moi, m'asseoir par terre. J'avais de plus en plus de mal à m'agenouiller et à m'accroupir. Quand je faisais du vélo avec Jan, j'avais très vite des douleurs au niveau des genoux. Je commençais à accepter mes douleurs et mon manque ou perte d'aisance dans les mouvements que je faisais. Je commençais à m'acheter des médicaments anti-inflammatoires à la pharmacie. Et quand les douleurs étaient insupportables, je prenais un ou deux comprimés.

Il était clair pour nous deux qu'il était hors de question d'avoir un deuxième enfant. Nous avions un bébé en bonne santé et cela était très bien comme ça.

Nous étions en octobre 2001. Mon mari était en train de refaire le plafond du salon quand je rentrais à la maison. Perché sur son escabeau, il me regardait : « Alors, cette petite grippe ? Comment te sens-tu aujourd'hui ? Tu as encore vomi ? Tu t'es enfin décidée à aller chez le médecin ? »

Je le regardais en souriant.

« Ce n'est pas une grippe », bredouillai-je

« Comment ça, pas une grippe, quoi donc alors ? »

J'étais debout devant lui dans l'espoir qu'il comprenne que j'étais enceinte. Mais Bernd était perché sur l'échelle et me fixait du regard.

« Alors, qu'est-ce que tu as ? »

Je le regardai droit dans les yeux. « On va avoir un bébé, je suis enceinte.»

Bernd me dévisagea. Il resta cloué, immobilisé quelques instants. Il posa ses outils et descendit de l´échelle.

« Tu es quoi ? Enceinte ? Tu plaisantes ? »

Je fis un signe de la tête et le regardai incapable de réagir.

« Je ne supporterai pas une seconde grossesse ». Bernd pencha la tête.

« Subir une deuxième fois le même enfer ? »

J´étais remplie de déception. Je ne m´attendais pas à cette réaction de sa part. Il s´approcha et me prit dans ses bras.

« J´ai besoin d´un petit cognac. »

Bien-sûr, les nausées me reprirent. Je vomissais tout le temps, j´étais incapable de garder la moindre nourriture en moi.

Pendant cette grossesse, je n´avais bizarrement pas trop mal aux jambes. Je commençais à perdre du poids. Ce qui ne plaisait pas du tout à ma gynéco.

Nous avions décidé de passer Noël 2001 dans la région du Harz située au centre-nord de l´Allemagne. Là, je pus enfin avaler quelque chose sans être obligé de vomir. Je me mis à manger des kébabs. J´avais envie de manger soit des kébabs soit du gyros, le sandwich grec, avec beaucoup de tzatzíki. Je pouvais enfin manger à ma faim sans grossir. Peu importe ce que j´avalais, je ne prenais pas de poids, au contraire, j´en perdais. Je me sentais bien physiquement et bien dans ma peau.

Nous montions dans les montagnes et contemplions la vallée depuis le sommet. Jan nous disait une phrase qui me fait encore sourire aujourd'hui. « Le monde est bien grand. »

A l'hôtel, il y avait une piscine. J'y allais, le soir, avec Jan. Nous jouions et nous nous défoulions tous les trois dans l'eau. L'année se terminait bien.

La nouvelle année ne commença malheureusement pas de la même façon. J'avais mal au ventre. Je ressentais des tiraillements. Je décidais de ne plus trop bouger. Je demandai à Bernd de m'emmener chez une gynéco. Elle m'ausculta. Son visage trahissait ses préoccupations. Ses mots firent l'effet d'une douche froide. Je dus être transférée dans un hôpital pour passer des examens. Je n'appris pas grand-chose de plus de sa part. Ce n'était pas très rassurant. Alors, nous nous sommes empressés de courir à l'hôpital.

Le médecin-chef du service gynécologique nous communiqua que l'orifice de l'utérus risquait de s'ouvrir. Il y avait un réel danger de perdre le fœtus.

Nous nous mîmes d'accord pour un cerclage.

Voilà que je menai une grossesse sereine, que mes jambes ne me faisaient plus aussi mal mais mon bébé n'allait pas bien. La peur me prit au ventre. Qu'est-ce qui se passait ?

Le cerclage eut lieu le jour même. Je me faisais beaucoup de soucis, je ne voulais pas perdre mon bébé. Quelques jours plus tard, les contractions commencèrent.

Il fallait que je prenne des médicaments. Je pouvais sentir mon bébé dans mon tout petit ventre.

Je m'inquiétais du bébé en permanence, qu'il ne pourrait pas, à mes côtés, mener à bout la bataille. Notre fille prouva qu'elle était forte. Exactement la devise de mon père : Celui qui ne se bat pas, a déjà perdu la bataille.

Il me fallait couver, c'était bien le mot, mon enfant les mois suivants. Je devais à nouveau rester allongée. A partir du 7ème mois, mes jambes ont commencé à me faire très mal, terriblement mal. J'avais la sensation que mes jambes allaient éclater. Même quand elles étaient surélevées, j'avais mal. Il fallait en plus maintenant que je fasse attention à mon alimentation. Mon corps était par contre de plus en plus faible. Nous prîmes la décision avec les médecins que l'accouchement aurait lieu plus tôt.

La césarienne s'est bien passée. J'avais supplié mon mari de pouvoir prendre ma fille dans mes bras, qu'on ne la lave pas avant. Je voulais l'avoir, la toucher avant son petit bain.

On m'avait privée de tellement de choses lors de l'accouchement de Jan. Il fallait que ce soit différent cette-fois-ci. Mon mari tenu sa parole et insista pour qu'on ne lave pas la petite Merle. Il attendait avec notre fille jusqu'à ce que je sorte du bloc opératoire et que je sois dans ma chambre.

Enfin, enfin, je pouvais tenir notre fille dans mes bras. Elle était déjà assez forte pour une prématurée. Elle n'avait pas besoin d'aller en couveuse. Nous avions un bébé en parfaite santé.

Ce que je ne savais pas à ce moment-là, c'est que je m'étais faite ligaturer les trompes. Une autre grossesse serait donc impossible. La ligature déclencha un dérèglement hormonal.

Mes jambes ont commencé à grossir après l'accouchement. J'avais l'impression de les voir grossir de mes propres yeux. Les douleurs redoublèrent. Je pris donc rendez-vous chez mon médecin de famille. Pour des raisons de santé, mon médecin avait dû cesser d'exercer. Son successeur m'accueillit. Et pour la première fois, quelqu'un m'a écouté et a cherché les raisons de mes douleurs.

Après des mois et des mois, on décida de m'envoyer chez un cardiologue. D'autres mois passèrent avant d'avoir un rendez-vous chez le spécialiste. Il m'ausculta de façon approfondie. Le soulagement tomba. « Votre cœur va très bien.» Je respirais profondément. Mon cœur n'était donc pas malade. Que mes jambes soient grosses et gonflées ne venaient donc pas du cœur.

« Mais pourquoi est-ce que mes jambes grossissaient comme ça ? »

Le médecin s'assit devant moi et regardait de plus près mes jambes. « Je ne veux pas établir de diagnostic. Adressez-vous à un spécialiste en lymphologie. Je soupçonne que vous souffrez d'un lipœdème et d'un lymphœdème. »

Je ressentis une vague de soulagement et d'espoir. Est-ce qu'on pouvait enfin mettre un mot à mes douleurs et m'expliquer ce que j'ai. Etait-ce une maladie ?

Je regardai sur Internet et cherchai un spécialiste qui traitait cette maladie.

A ma grande surprise, il y avait des spécialistes pas très loin de chez moi, à 50 km. Je pris tout de suite un rendez-vous.

Quelques semaines plus tard, le spécialiste me recevait dans son cabinet médical. Au début, j'avais beaucoup de mal à lui parler, à m'ouvrir. Je commençais à avoir des doutes et je n'osais pas lui parler de mes douleurs et de mes bleus. J'étais convaincue que personne ne m'écouterait et que ce médecin allait me rabâcher le même baratin que les autres, que je devais « me mettre au régime et faire du sport. » Mais non, à mon plus grand étonnement, il prit une chaise, s'assit en face de moi et toucha, palpa mes jambes.

Il appuya sur mon mollet et dit : « Là, ça fait mal, non ? » J'acquiesçai, incapable de réprimer la douleur, je poussai un gémissement.

Et puis, il appuya sur le dos de mon pied et attendit un instant. « Ah, au moins, il n'y a pas encore de lymphœdème. » Ce fut tout ce qu'il dit.

« Le signe de Stemmer est négatif » murmura-t-il.

« Le signe de quoi ? »

« Le signe de Stemmer. » Il se retourna, se leva et s'assit devant son ordinateur. Puis, il se mit à taper le résultat de son auscultation.

Je restai allongée et le regardai. Il était petit, très mince et avait les cheveux gris. Ses cheveux commençaient à s'éclaircir et ses yeux étaient très expressifs. Il me regarda à travers ses lunettes dorées et me demanda :

« Levez-vous s'il vous plaît et marchez jusqu'à la porte. »

J'exécutai ce qu'il m'avait demandé. Je marchai jusqu'à la porte puis, me retournai légèrement. « Position erronée en X des jambes. »

« Position erronée en X des jambes ? »

« Oui, position erronée en X des jambes. »

Beaucoup de nouveaux mots, et toujours des termes spécifiques.

Son diagnostic : lipœdème.

Il me prescrit d'emblée des séances de drainage lymphatique manuel. Je reçus en plus une ordonnance pour des collants de compression rectiligne. Enfin, pour terminer, il me tendit une brochure d'informations sur la maladie. Je pouvais enfin mettre un nom à mes douleurs, j'avais enfin une explication. Je savais enfin ce dont je souffrais depuis des années.

On pouvait maintenant s'occuper de moi et me soigner. A cette époque-là, je ne connaissais pas plus de choses sur la maladie. Je ne savais pas qu'il s'agissait d'une maladie chronique dont l'évolution était pathologique. Que la maladie n'allait qu'en s'accentuant, que les régimes, le sport ou les activités physiques n'avaient absolument aucune influence, aucun impact sur la maladie.

Je m'informai. Je suivis les instructions de mon spécialiste. J'enfilai et mis les collants de compression rectiligne. Je trouvais plutôt désagréable de faire mesurer mon corps mais la compression rectiligne est sur-mesure. Pour me faire « inspecter » chez l'orthésiste, je devais faire un immense effort sur moi-même pour qu'on prenne mes mesures.

Quand je pris le collant de compression rectiligne dans mes mains, j'étais complètement dépassée. Il fallait de plus choisir le coloris. Tout était nouveau pour moi. Je ne pouvais pas m'imaginer à cet instant qu'enfiler un collant allait être une vraie torture et pas une mince affaire. Comment je me sentirais dedans une fois le collant mis, tout cela était quelque chose à quoi je ne pensais pas encore.

Au début, je pensais que tous les fabricants se valaient et tissaient le même tissu, le même matériau de la même manière, que la pression exercée était la même chez tous les fabricants. Mais, il n'en était pas ainsi. Qui dit différents fabricants, dit différents matériaux.

Mon dieu, combien de fois ai-je eu honte de faire du bruit en marchant avec ma compression. Quand je marchais, mes cuisses se frottaient l'une contre l'autre et le grincement du tissu de la compression se faisait entendre quand je marchais. On m'entendait toujours quand je marchais.

Le sort fit que je dus changer d'orthésiste et je dus essayer une autre marque de vêtements compressifs. La matière m'allait beaucoup mieux. Je pouvais mieux les supporter et les endurer. Certes, la pression n'était pas si forte mais assez pour la maladie mais je ne devais plus entendre ce bruit de grincement, de frottement quand je me déplaçais.

Je pouvais continuer de porter des robes sans qu'on m'entende venir de loin.

J'allais régulièrement au drainage lymphatique. Au début, le drainage n'était pas du tout ma tasse de thé, j'y étais même réticente. Se retrouver en sous-vêtements, se faire masser dans le cou, se faire toucher aux aisselles, des idées bizarres et saugrenues me passaient par la tête. Bref, je me faisais très souvent des films quand je devais aller au DLM, le drainage lymphatique manuel.

Dès le début, je trouvais ce drainage désagréable et je ne m'y suis même jamais trop habituée.

Au début, je m'accrochai à l'idée que ce n'était pas si grave que ça, de se faire masser le ventre. Mais quand les mains de la kiné arrivaient à l'aine. Je n'en menais pas très large.

Je me rappelle avoir demandé s'il fallait vraiment qu'on fasse un drainage au niveau de l'aine. La kinésithérapeute me répondit que cela faisait partie du drainage lymphatique. Les ganglions lymphatiques étaient stimulés, la circulation du flux lymphatique était relancée, l'œdème soulagé. Après cette petite explication, Je n'étais plus trop gênée qu'elle fasse le drainage sur mes jambes.

Les semaines passèrent et je me suis faite petit à petit à ces drainages. J'ai vite senti qu'ils me faisaient du bien. Mes jambes étaient plus légères, plus fraiches, moins lourdes et douloureuses. Mais mes jambes ne diminuaient pas de grosseur.

Mes jambes étaient soulagées et légères sur le moment, décongestionnées en sortant du drainage lymphatique manuel. Mais avec le temps, je ressentais le besoin de devoir élever mes jambes. De façon instinctive, je me déplaçais moins souvent.

Un beau jour, je remarquais qu'il m'était devenu impossible de m'accroupir, de m'agenouiller par terre. Même chose pour m'asseoir sur le sol pour jouer avec ma fille.

Je souffrais en silence, taciturne, dans mon coin. Je m'efforçais de ne pas montrer à ma famille la souffrance que j'endurais. Je ne voulais pas qu'elle se fasse des soucis pour moi, qu'elle se tracasse. Je voulais tout faire, tout entreprendre avec Bernd et les enfants. S'ils faisaient une excursion, je les accompagnais. Je m'asseyais quand ils s'asseyaient. Mais, j'avais de plus en plus de mal à les suivre. Mes jambes, mais aussi, maintenant, mes bras étaient lourds et durs comme du plomb.

Je ressentais des poussées. Il y avait des jours où j'avais l'impression que ma peau allait éclater. Mes jambes étaient de plus en plus lourdes. Je ne me sentais pas très bien. Cette prolifération des cellules adipeuses me faisait peur, me rendait malade car j'étais complètement impuissante face à la maladie.

Je me demandais dans quel état la maladie allait me transformer. Ça me rendait folle. Je me rendais bien compte que j'évitais de me déplacer, de bouger.

Merle, notre fille, était une enfant très éveillée. Je suis persuadée que je l'aurais incitée et encouragée à entreprendre plus de choses si je n'avais pas eu cette maladie.

Etant donné que les douleurs s'accentuaient et que je me déplaçais de moins en moins, je ne pouvais pas sortir avec Merle comme je le voulais, je ne pouvais pas l'accompagner comme je voulais comme par exemple aux cours de musique. C'est ma mère qui l'emmenait à l'école de musique et, nous tous, encouragions Merle à y aller. C'était mon devoir d'entreprendre des activités avec Merle. Mais j'en étais devenue incapable. Quand Jan avait son âge, je pouvais encore me bouger, faire du vélo. Je pouvais jouer avec lui au terrain de jeu même si déjà à cette époque, j'étais déjà bien limitée et restreinte dans mes mouvements et je ne pouvais pas tout entreprendre. Maintenant avec Merle, je ne pouvais pas faire grand-chose. Des doutes me prirent : Etais-je une bonne mère ?

J'entrepris de faire plus d'efforts. Il fallait que je me ressaisisse, que je me secoue. J'emmenais Merle aux cours de danse. A mon plus grand regret, les sièges avaient là-bas des accoudoirs, j'étais incapable de m'y asseoir dedans. Je restais donc debout tout le temps ce qui bien-entendu causait encore plus de douleurs dans les jambes. Mais Merle était fière que je la regarde alors je restais debout sans rien dire en la contemplant pendant que les douleurs me torturaient, me martyrisaient.

Je sentais toujours ce poids, toujours plus lourd me peser dans les jambes. J'étais partagée entre quitter la salle de danse pour m'asseoir dans la voiture et rester là pour faire plaisir à Merle. Je tranchais pour Merle.

Etant donné que je n'étais plus en état physiquement, d'entreprendre beaucoup de choses avec Merle, je lui offrais la possibilité de faire plus d'activités : le lundi, elle allait aux cours de musique, le mardi à la danse et le mercredi, elle retrouvait des enfants de son âge dans un groupe. Le jeudi, elle faisait du Taekwondo. J'avais ainsi moins mauvaise conscience, enfin un petit peu. Elle était occupée, s'amusait bien et moi, j'étais soulagée. Malgré cela, je me sentais souvent triste, différente des autres mères que j'enviais beaucoup. Elles pouvaient faire tellement plus de choses que moi, passer plus de temps avec leurs enfants.

Quand Merle entra au jardin d'enfants, les difficultés et les problèmes s'accumulèrent. Comment s'asseoir dans de petites chaises avec de grosses fesses et de grosses jambes ?

Je luttais pour ne pas avoir l'air trop bête quand je m'asseyais dedans. Je faisais comment pour me relever avec des genoux comme ça ? Et en ayant un sourire radieux en plus. Quand je m'asseyais à la table pour faire comme tout le monde, c'était une vraie souffrance, bref, l'horreur pour moi, maman. Le lipœdème me comprimait, me serrait tellement les jambes, je faisais de la rétention d'eau. Mes jambes me brûlaient. J'avais mal en permanence. Etre aimable, rire, ne rien faire paraître. Bien écouter, faire tout comme les autres. J'avais du mal à supporter tout ça. Et pourtant, je faisais de mon mieux.

Puis arriva le jour où je ressentis beaucoup de honte et, ce encore aujourd'hui. Les personnes concernées ne s'en souviennent très certainement plus. Mais nous, les femmes touchées par le lipœdème, gardons en tête les mauvaises réflexions faites par quelqu'une personne. Ces commentaires déplacés et offusquants sont empreints alors pendant des mois dans notre esprit.

Une drôle d'histoire au jardin d'enfants m'a beaucoup marquée et froissée.

Merle rentra à la maison et chantai une comptine : « … les gros, doivent se battre lalala… »

Je me demandais ce que c'était, d'où avait-elle pris ça ?

« Mais qu'est-ce que c'est que cette chanson, Merle ? »

Merle me regarda d'un air rayonnant. « C'est ce qu'on apprend au jardin d'enfants en ce moment, on chante sur les gens gros. »

Simplement le fait d'entendre le mot gros me mettait en rage. J'avais l'impression qu'on me visait particulièrement, qu'on me touchait, qu'on m'attaquait. Alors, je demandai à Merle de chanter la suite de la petite comptine et je fus effarée et dégoutée.

Le lendemain, je couru voir la responsable du jardin d'enfants et demandai des explications sur le but d'apprendre et de chanter cette chanson.

Elle était plantée devant moi et rétorqua : « Quel problème y-a-t-il avec cette comptine, Madame Jahrend ? Pourquoi prenez-vous mal cette chanson ? Vous vous sentez concernée ? »

« Tout à fait, je me sens concernée. Et je trouve que cette comptine avec le mot « gros » est vraiment déplacé et m'offense énormément. »

L'éducatrice partit dans la salle où les enfants étaient occupés à jouer. Elle s'arrêta au seuil de la porte et commença à réciter la comptine. Les enfants se mirent aussi à la suivre et à chanter avec elle. Ils m'entouraient en gigotant et me demandèrent : « Pourquoi est-ce que t'es grosse ? »

C'en était trop pour moi, je bouillais de colère, j'avais les larmes aux yeux. « Arrêtez ça tout de suite, sur le champ. J'aimerais vous parler immédiatement dans votre bureau. » Je me ruai en direction de son bureau et l'attendit. Je me demandais comment on pouvait être aussi méchant, si venimeux et si haineux. Je ne savais pas si elle s'imaginait qu'elle rendait aussi malade Merle avec cette chanson.

C'était tout à fait normal que je sorte de mes gonds. Traiter les gens de cette manière était pitoyable, lamentable, inacceptable. Il s'agissait d'avilissement et d'injures à la personne. J'étais ridiculisée devant les petits camarades de Merle. Ces derniers avaient, bien-entendu, déjà fait des réflexions à Merle en m'appelant « la grosse maman ».

L'éducatrice soutient l'idée de continuer à faire chanter cette chanson aux enfants. Je lui balançai au visage que si elle n'arrêtait pas de faire chanter cette chanson, elle aurait affaire à son supérieur hiérarchique. Qu'elle devrait rendre des comptes, qu'il s'agissait d'un jardin d'enfants religieux, évangélique. Que cela ne se faisait pas d'offenser les gens gros, qu'ils n'y pouvaient peut-être rien et qu'elle n'avait pas sa place dans un établissement comme celui-ci. Qu'elle n'était pas un modèle à prendre, que les enfants ne pouvaient et ne devaient pas prendre modèle sur elle.

Je trouvais déplorable que l'éducatrice m'humilie en public et, ce devant ma fille et lui fit comprendre. Je sortis du jardin d'enfants, pris ma voiture et rentrai.

A midi, quand je revenais chercher ma fille, la responsable voulait me parler.

« Il faut qu'on parle, Madame Jahrend. »

« Mais, moi, pas avec vous. »

Je ne voulais pas céder et lui parler. Elle m'adressa la parole devant les autres parents et enfants et ne réagissait pas à ce que je lui avais dit. Les autres mamans avaient bien vu qu'il y avait quelque chose qui n'allait pas entre moi et la responsable. Je pris ma fille et nous sommes allées à la voiture. Puis, nous avons mangé une glace. Ce jour-là, les calories ne comptaient pas.

Quelques jours plus tard, la responsable m'adressa à nouveau la parole. Je fis mine de ne pas la remarquer quand elle me dit : «J'ai discuté avec mes collègues, on a fait une réunion. Bref, je voulais vous dire que nous ne chanterons plus cette comptine avec les enfants. J'espère que vous êtes satisfaite comme ça. »

J'acquiesçai sans prononcer un mot. Je n'avais plus aucune envie de lui parler. Elle n'avait qu'à faire son travail, un point c'est tout.

Les mois passèrent et cette histoire tomba dans l'oubli. Ce qui m'était très important à l'égard de Merle.

Un beau jour d'été, Merle et les autres enfants du groupe voulaient aller à la piscine. Les éducatrices et quelques mères devaient les accompagner. L'idée de devoir me mettre en maillot de bain avec ces jambes énormes me rendait malade. Jouer à la piscine avec ma fille me réconfortait certes, mais, pas en maillot de bain. Les autres mamans me regarderaient, les petites copines de Merle aussi.

Je décidai d'y aller quand même et de les accompagner. Je dis que j'avais oublié mon maillot de bain et que je pouvais aussi bien regarder et observer les enfants depuis le bord de la piscine. Mes vêtements seraient trempés par le barbotement des enfants, mais cela m'était égal. Merle était contente que je l'accompagne. J'avais trouvé une solution pour ne pas rester à la maison et pour ne pas me cacher derrière la maladie.

Une chose était claire. Si je ne m'étais pas battue, j'aurais perdu la bataille de voir Merle respirer la joie de vivre.

La devise revenait : Celui qui ne se bat pas, a déjà perdu !

Les années passèrent et je remarquai que le stress ne me réussissait pas.

Mon père avait changé ces derniers mois. Son côté calme, placide avait disparu pour faire place à l'affolement, à l'agitation. C'était quelqu'un de très positif qui réfléchissait toujours avant de parler. Il détestait qu'on dise du mal derrière son dos. Il aimait jouer avec ses petits-enfants.

Il aimait aller à la pêche, faisait du pâté à la maison. Deux fois par an, c'était la coutume de faire du pâté. Il achetait toujours de la viande désossée chez le boucher et puis il la passait au hachoir, y mettait des épices pour faire du bon pâté.

C'était toujours un plaisir de manger ses pâtés. Il faisait toujours attention à ce que la viande ne soit pas trop grasse. Il surveillait à ce que sa fille ait toujours du bon pâté, pas trop gras. Mais, ces dernières semaines, il s'était mis en tête ne plus vouloir en faire. Il refusa catégoriquement, il ne voulait plus.

Ma mère s'était tout de même entêtée de le persuader d'en faire tout de même. Elle acheta de la viande désossée et le mit ainsi devant le fait accompli. Il refusa d'en faire. On comprit alors qu'il avait oublié la recette pour faire du pâté.

Lui, qui avait une mémoire d'éléphant, avait peu à peu perdu la mémoire.

Nous étions abasourdis, tous sous le choc. Il se touchait le front.

« Ces maux de tête sont atroces. Je ne sais pas ce que j'ai ».

Ma mère allait chercher ses médicaments dans l'armoire à pharmacie et lui donna des comprimés contre le mal de tête. Elle le força à en prendre deux tout de suite « pour que ça fasse effet plus vite. »

Mon père avala les comprimés. Il quitta la cuisine pour aller s'allonger sur le canapé dans la pièce d'à côté. Cette scène se répéta et répéta tous les jours les mois suivants. Mon père n'allait pas mieux, son état s'empirait. Même s'il prenait ses comprimés et qu'il allait chez le docteur, son état ne s'améliorait pas du tout du tout.

Il ne se souvint plus où il avait mis sa canne à pêche. Il oublia des rendez-vous, il perdait sa tête de plus en plus au fil des jours. Il était même devenu quelques fois méchant et même agressif. Ça nous faisait mal et aussi peur de le voir dans cet état-là.

Un beau jour d'automne, mes parents partirent à Lunebourg. Mon père connaissait le trajet par cœur, il aurait pu y aller les yeux fermés. Ma mère avait un rendez-vous pour faire une radio de son poignet.

Maman raconta qu'à l'aller déjà, il s'était trompé de route. Il ne retrouva pas le chemin pour rentrer. Il avait fait des détours. Il se plaignait qu'il avait mal de tête. Ma mère était affolée.

Mon père ne savait plus où il était. Il se mit en colère, fit de grands gestes. Ma mère avoua plus tard qu'elle avait eu peur de conduire avec mon père. Qu'il n'était plus capable de prendre le volant pour aller quelque part, même si c'était tout droit.

Quand mes parents sont arrivés enfin à la maison, ma mère était blanche, livide, toute pâle. Mon père me regarda et partit dans le salon s'allonger. Durant des semaines, il alla chez le médecin pour qu'il l'aide, le soulage un peu. Le docteur l'envoya passer une radio pensant que ces maux de tête venaient peut-être du dos.

Lorsque le médecin ne savait plus où chercher les causes de ces maux de tête, il lui prescrit des médicaments homéopathiques. Ils n'ont pas fait effet. Ma mère et moi primes la décision de parler à mon père et de l'envoyer voir un autre médecin. A ma grande surprise, il était partant pour aller voir quelqu'un d'autre. Deux jours plus tard, il avait un rendez-vous chez un spécialiste.

Notre vie bascula ce jour-là.

Je m'en souviens comme si c'était hier. Je revenais de faire les courses avec ma mère quand le téléphone sonna.

« Sois gentille, va au téléphone et dis que je ne suis pas là ! »

Je fis une petite moue. Je ne pouvais plus supporter cette phrase, elle ne voulait jamais répondre au téléphone. Au téléphone, j'entendis quelque chose qui me terrifia. J'étais incapable de répondre, incapable de réagir.

Au bout du fil, l'aide médicale nous annonçait qu'ils avaient transféré mon père au service radiologique. On soupçonnait fortement une tumeur au cerveau.

Je raccrochai. Il y avait quelques secondes, je revenais, toute pimpante et souriante avec ma mère de faire les courses. Même si c'était l'automne le plus frais qu'il ait fait, nous nous étions offert une petite glace et avions passé une bonne journée ensemble.

Il semblait qu'un marteau-piqueur venait de s'enfoncer dans ma tête. Je restais clouée, immobile, incapable de faire le moindre pas en direction de ma mère. Je la regardai. « Papa est malade, il l'emmène à Uelzen au service radiologique. »

Bouche-bée, ma mère prit une chaise de la cuisine pour s'y asseoir. Elle était incapable de prononcer un mot.

« Je m'en étais bien doutée, je le sentais. Papa a beaucoup trop changé ces derniers mois. Pourquoi est-ce que je ne l'ai pas forcé à aller voir plus tôt un autre médecin ? » Elle tourna la tête et regarda par la fenêtre.

« Les feuilles tombent tôt cette année. Ca va être un hiver rude et froid. »

Je ne savais pas quoi répondre et m'assis sur le banc de la cuisine. Tout était calme et silencieux dans la pièce. Notre chien s'était couché sous la table et s'endormit.

Puis, tout à coup, ma mère se leva, rangea les courses dans le placard, se retourna en me disant. « Il n'a pas de tumeur au cerveau. Papa n'a pas de tumeur au cerveau, tout va bien se passer. »

Quelques heures plus tard, un taxi ramenait mon père à la maison. Il avait une nouvelle qui fit l'effet d'une douche froide. « Ils m'ont dit de me rendre à l'hôpital, à l'hôpital de Hanovre. Je me demande bien ce que je dois faire là-bas. »

Un frisson parcourut tout mon corps. Je feuilletai les papiers qu'on lui avait donnés pour aller là-bas et lu le diagnostic de mes propres yeux : Tumeur au cerveau.

Ce jour-là, il y avait des courgettes farcies à manger. Depuis, j'évite d'en faire et d'en manger. J'associe toujours ce plat à mon père, à cette journée si dure et horrible, au diagnostic que mon père avait reçu.

J'ai beaucoup de mal à écrire ce chapitre et à raconter cette étape de ma vie. Mais je pense que ça me fera du bien et que peut-être j'assumerai les évènements, que je les accepterai peut-être enfin.

Le lendemain, on emmena papa à l'hôpital. Deux heures de trajet pour l'aller, deux heures pour le retour. C'est ce que nous fîmes à partir de ce jour-là.

Un jour, quand nous étions allés le voir, nous étions au service de cancérologie. Mon père était devant la porte d'entrée, il ne nous reconnut pas quand nous lui avons adressé la parole.

J'étais choquée de le voir.

Ses pupilles étaient grandes. Son visage de marbre.

Tout ce qu'il disait était : « J'ai très mal à la tête, est-ce que quelqu'un aurait peut-être un comprimé pour moi ? »

Ma mère et moi, tacites, le regardions.

« On va te donner un médicament, Horst, j'en suis sûre et certaine. » Elle posa sa main sur son épaule et la caressa.

J'admirais ma mère pour sa bravoure, pour sa force. Elle était si calme, si compréhensive. Moi, de mon côté, je voulais crier. Pleurer et surtout ne pas être forte. Mais, il fallait que je ne montre rien que je cache ma peine, mon désespoir, ma colère, il fallait que je me reprenne. Les enfants étaient là, avec nous. Et c'est parce que les enfants nous accompagnaient que je me décidais à rire et à plaisanter.

Quand la porte s'ouvrit pour que mon père passe d'autres examens, ma mère me supplia pour qu'elle l'accompagne. Je restai avec les enfants et j'attendis. Jan était à côté de moi, Merle était assise sur mes genoux à gigoter. La porte se rouvrit enfin. Je vis mes parents en sortir.

Au visage de ma mère, je pus déchiffrer que les examens n'avaient rien donné de bon.

Les jours suivants, une vague remplie d'émotions, de colère, de désespoir, de peur, de détresse me traversa. Les mauvaises nouvelles n'arrêtaient pas de tomber.

Je remarquais ces dernières semaines que mon corps avait changé. Je ne rentrais plus dans mes pantalons. Ils étaient devenus de plus en plus petits, de jour en jour.

Je n'arrivai pas à m'expliquer pourquoi je prenais du poids, ce qui m'attrista encore plus. Je ne ressentais pas l'envie de manger et avec ces évènements, je mangeais peu, très peu. Je n´avais pas le temps de manger. Je mangeais vite fait un sandwich ou une salade composée dans la journée, rien d´autre.

Je ne faisais que fonctionner, je ne me posais aucune question. Il fallait que la vie quotidienne continue, que les soucis de santé de mon père n´entravent pas le quotidien des enfants, ne les préoccupent pas. La situation actuelle de mon père me préoccupait beaucoup et était très éprouvante pour moi. Il fallait que je prenne souvent sur moi pour ne pas tomber en larmes. C´était une période difficile, très dure pour moi.

Début octobre, l´état de santé de mon père s´était amélioré. La chimio semblait marcher et faire effet. Je pouvais enfin souffler, respirer un peu. J´eus l´idée de me peser. L´horreur. Je n´avais pas pris beaucoup de poids, non, non. L´aiguille de la balance avait monté en flèche.

Mes pantalons étaient beaucoup trop petits. Je commandais de nouveaux pantalons sur Internet. Quand la livraison arriva, je déballai les pantalons pour les essayer tout de suite. Un coup d´œil dans le miroir me terrifia. Je ne voyais plus mes genoux.

J´essayais de les toucher pour les sentir de mes mains tremblantes et hésitantes. Avais-je pris autant de poids en l´espace de six semaines ?

Je décidai de renvoyer tous les pantalons que je venais de recevoir. En pleurs, je décidai de trouver des jupes et des robes sur la même page Internet.

Et hop, en quelques clics, c´était commandé.

Il fallut le soir que Bernd me console. Je ne sais toujours pas aujourd'hui comment il faisait pour m'épauler, pour me soutenir et m'encourager. Depuis ce jour, je n'ai plus mis de pantalon. Je ne voulais plus me ridiculiser devant le miroir et les autres.

Quelques semaines plus tard, mon père sortit de l'hôpital. Etant donné que sa maladie n'était pas curable, on préférait le renvoyer chez lui auprès de sa famille. On estimait qu'il n'avait que quelques semaines vivre.

Mais, mon père était quelqu'un qui ne se résignait pas si vite que ça. Il avait décidé de se battre jusqu'au bout.

« Celui qui ne se bat pas, a déjà perdu. »

Je dus voir de mes propres yeux mon père perdre de plus en plus de poids. Je voyais aussi qu'il perdait ses cheveux petit à petit. Il avait perdu l'appétit, il n'avait plus goût à manger.

De plus en plus souvent, il repoussait son assiette en secouant la tête. « Désolé, mais je n'ai pas très faim, ça ne me dit rien de manger aujourd'hui. » Et puis, il se levait et allait s'allonger dans la pièce d'à côté. Il prenait la télécommande et, fatigué, s'endormait.

Son état de santé était un sujet que nous abordions rarement. J'avais entendu une fois ma mère pleurée, ce, quand mon père était parti en taxi pour aller à la chimio. Elle s'était mise à pleurer, croyant être seule à la maison à cet instant.

Un jour de novembre, il faisait froid, j'accompagnai mon père au taxi qui l'attendait devant la maison. Il lui était devenu trop difficile de marcher tout seul. Il était devenu trop faible.

Je l'aidais à marcher et à monter dans la voiture du taxi. Nous marchions le long du mur pour qu'il s'appuie sur moi et sur le mur quand je fis un faux mouvement, je poussai un gémissement. Mon père resta immobile et me regarda. « Tu as pris du poids, ce serait peut-être bien que tu fasses plus attention pour que ton derrière soit plus petit. » Il m'aurait dit cela un autre jour, je lui aurais répondu d'une façon désobligeante. Je lui aurais dit ce que j'en pensais. Mais là, je ne pouvais pas lui en vouloir.

« Tu as raison, il faut que je fasse attention et que je perde du poids. Mais si seulement, je pouvais. Je grossis et grossis mais je n'y peux rien. »

Nous étions devant le taxi, il ouvrit la porte du véhicule et puis attendit.

«Il y a de l'argent pour tout, eux en haut », et il montrait le ciel. « Eux, en haut, au gouvernement, il jette l'argent par les fenêtres sans raison. Il y a assez d'argent pour la recherche mais pour ta maladie, ils n'entreprennent rien. » Il me prit le bras.

 « On ne peut pas mettre un tuyau et pomper tout ce liquide, toute cette graisse ? Ça doit bien exister, ça doit bien marcher ce truc-là, pourquoi est-ce qu'ils ne font pas ça ? »

Je me mis à rire. « Ah, papa, comment veux-tu qu'ils mettent un tuyau dans mon corps ? »

Je l'embrassai pour cette idée.

En fait, je m'étais un peu moquée de lui à ce moment-là. Mais je l'avais un peu regretté après. S'il pensait à moi, c'était bien mieux que s'il pensait à son propre état de santé.

Il monta dans le taxi et je lui fis un signe de la main pour lui dire à tout à l'heure. Je lui souriais tout en oubliant qu'il m'avait tout de même un peu attristée par ses propos.

Noël arriva. Mon père avait dû passer quelques jours à l'hôpital mais nous étions tous contents qu'il soit revenu pour les fêtes.

Il y avait toujours du jambon à Noël. C'était la tradition. Mon père le faisait fumer. Et puis, il y avait de la charcuterie, du pâté fait maison. Cette année était différente. Mon père n'était plus capable aussi bien sur le plan physique que sur le plan mental, de faire du pâté. C'était le premier Noël sans « ses spécialités ». Mais il y avait une chose qu'il ne voulait pas rater. C'était d'acheter lui-même des cadeaux de Noël pour ses petits-enfants. Il déploya sa dernière énergie pour aller dans un grand magasin et acheta de superbes cadeaux pour ses petits-enfants. Il se traina à bout de forces, monta les escaliers pour arriver au rayon des jouets.

Ce dernier Noël passé avec lui était si chaleureux, si doux, si harmonieux et si calme.

Il neigeait dehors, les bougies illuminaient le sapin de Noël dans le salon d'une lumière apaisante et sereine. Nos enfants étaient au pied du sapin, ouvraient leurs cadeaux, criaient leur joie, tombaient dans les bras de mon père. Il les regardait, les embrassait. Cet instant était magique. Si beau que je ne l'oublierai jamais. Le moment où ses yeux commencèrent à briller, à ne plus être fatigués, comme si ses yeux étaient las de la vie. C'est un instant qui est empreint pour toujours dans ma tête.

Et bien que mes jambes me faisaient très très mal et que je ne pouvais plus rester assise, je savourais l'instant présent à table. Je pouvais discuter sur les cadeaux offerts qui n'avaient pas été utiles d'acheter.

A la Saint Sylvestre, nous avions acheté quelques pétards pour fêter le nouvel an. Mon père adorait faire son petit feu d'artifice en faisant péter quelques pétards.

Cette année était calme. Il était à la maison, s'endormit la télécommande à la main. Ma mère allait le voir de temps en temps, lui proposait une tasse de café ou lui offrait un beignet qu'elle avait fait elle-même. Et puis, il se leva, partit dehors avec ses petits-enfants et fit péter quelques pétards dans la rue. Mon mari était avec eux et aidait mon père.

Nous passions le nouvel An une dernière fois ensemble.

C'était une journée froide de janvier.

Je m'apprêtais à aller chercher mon fils de l'école, mon père se traina dans la cuisine. Il voulait manger quelque chose alors que le taxi allait venir le chercher d'une minute à l'autre pour le conduire à sa chimio.

Il s'énerva que ma mère n'ait pas réchauffé le plat qu'il voulait.

Mon père était sur le seuil de la porte et s'appuyait à la porte. « Ca ne m'étonne pas que je maigrisse de plus en plus, si on ne me donne rien à manger. »

Son visage était rouge. Il semblait nerveux.

J'essayai au début de le calmer un peu, mais cela n'en valait pas la peine. On échangea quelques mots et puis je sortis de la maison…

Je croisai le taxi en sortant de la cour.

Quand mon père quitta la maison, ma mère partait avec une amie en ville pour chercher des médicaments. J'arrivais en retard à la maison. Mon fils avait joué avec ses petits copains de classe et avait oublié l'heure. Il y avait des pâtes en sauce ce jour-là.

Merle en mettait partout et répétait sa phrase préférée « y a pas d'mal ». Elle disait cette phrase quand elle tombait, quand elle jetait quelque chose, quand quelque chose se cassait. On rigolait ensemble. On jouait de plus en plus souvent à la maison, à l'intérieur.

J'étais dans le salon et je rangeais les jouets des enfants quand le téléphone sonna.

Au bout du fil, un homme se présenta et m'annonça d'une voix posée et calme. « Je suis désolé, Madame, de vous annoncer que votre père s'est éteint. »

Je me rappelle encore lui avoir demandé s'il pouvait répéter ce qu'il venait de me dire. Je croyais avoir mal compris.

Mon mari entra au même moment. Je lui tendis le téléphone et je descendis les escaliers pour aller un étage au-dessous où mes parents habitaient. Je voulais aller voir la pièce où mon père passait ses journées. Mais là, il y avait encore ses lunettes, sa télécommande. Il ne pouvait pas être mort, ce n'était pas possible.

Je m'assis sur le canapé et me mis à pleurer. La douleur était plus forte, plus profonde que les douleurs que je ressentais habituellement. J'avais l'impression d'étouffer. Je posai mes mains sur mes genoux et me balançai de gauche à droite.

Je regardais ses lunettes. Je regardais le couteau dans la corbeille de fruits qui était parmi les pommes et les poires. Mon regard se tourna vers son oreiller qui était au bout du canapé. Je venais juste de lui parler il y a quelques minutes. J'avais dû encaisser sa mauvaise humeur. Et maintenant, il était mort, il n'était plus là. C'était irrémédiable. C'était incroyable.

Mon père s'était battu. Et pourtant, il avait perdu la bataille. Il avait perdu le combat contre le cancer.

Mais malgré qu'il s'était éteint, il était mort après avoir entrepris quelque chose, après s'être battu pour survivre. Et c'est ce que je veux faire aussi : me battre, me battre et encore me battre. Et si je perds, alors dans la dignité. Mais je n'avais pas l'intention de perdre.

Les jours suivants se sont déroulés comme dans un film. Je ne ressentis aucune douleur. Mon mari me força à m'allonger et à élever mes jambes. Je ne pouvais pas rester tranquille, me reposer. Mes jambes grossissaient de jour en jour. La pression dans les jambes me procurait des bleus de plus en plus gros.

Exactement le jour où j'étais à côté de son cercueil pour lui dire adieu, je pus à peine marcher. Mes pieds avaient tellement gonflé que j'eus de la peine à mettre mes chaussures.

Chaque pas me faisait mal comme si je marchais sur de la braise.

Quand la porte de la petite chapelle s'ouvrit et que je vis les mains blanches de mon père, les douleurs avaient complètement disparu.

Je contemplais ses mains blanches : Elles étaient jointes sur son ventre, elles tenaient des fleurs.

Je pleurais de tout mon corps. Pour la première fois, dépourvue de toute retenue.

J'observais ses mains. C'étaient des mains qui n'avaient pas eu peur du travail. Ses mains reflétaient le travail qu'il avait accompli. Après l'enterrement, je m'écroulai, complétement effondrée, à bout de forces. Je réalisais ce que j'avais vécu et enduré ces derniers mois. C'est mon mari qui était à mes côtés et qui m'avait épaulé. C'est lui aussi qui me consola et trouva les mots justes quand la maladie avait fait des poussées ces derniers mois.

Je ne pouvais pas fermer mes bottines jusqu'en haut. J'avais l'impression que j'allais exploser, éclater. Pour la première fois depuis des semaines, je ressentais des douleurs épouvantables.

Je choisis de prendre des antidouleurs pour un certain temps. Sans médicaments, je ne tenais plus le coup. Ce que je ne savais pas à cette époque, c'était que le stress pouvait déclencher des poussées de lipœdème. J'en avais la preuve à cet instant-là.

Je m'habituai avec le temps à mes douleurs. J'essayais d'avaler le moins possible de médicaments. Mais quand mes jambes me comprimaient trop et me faisaient trop souffrir, j'étais lunatique.

Alors, il arrivait que je n´étais pas juste. Mes douleurs avaient involontairement un impact sur mon humeur, bonne ou mauvaise. Je passais mon humeur sur des gens qui ne le méritaient pas : ma famille.

Nous avons passé Pâques pour la première fois sans mon père, dans la douleur. Il nous manquait à tous. Les enfants cherchaient les œufs de Pâques et mon mari essayait, comme l´avait fait mon père, de faire une plaisanterie ou de piquer un chocolat dans le petit panier des enfants. C´était bien, mais c´était différent, ce n´était pas pareil. Il fallait qu´on apprenne à vivre sans mon père.

L´été me ramena à la réalité. Nous avions réservé nos vacances au bord de la mer Baltique. Et comme les années auparavant, j´avais mal aux jambes mais aussi dans les bras.

Cet été-là s´était habillé de sa plus belle robe avec ses superbes couleurs, l´odeur des champs, des fruits et de sa chaleur. Nous marchions sur la plage, nous nous baignions. Je tenais à avoir absolument la climatisation. Je ne savais pas du tout comment faire pour aller à la plage avec mes collants de compression. Je voulais toujours louer un petit fauteuil en osier, objet typique de la mer Baltique, pour m´y asseoir. De là, je pouvais au moins voir les enfants jouer avec mon mari. Je n´osais pas me mettre à l´eau. Enlever mes collants de compression était une torture, un vrai tour de force. D´un autre côté, aller à la plage sans compression, m´aurait procuré encore plus de douleurs dans les jambes. Alors, mon mari devait jouer avec les enfants sur la plage. Il n´aimait pas trop se mettre à l´eau.

Je maudissais cette maladie. Elle me volait, me dérobait tellement de joie de vivre. Mais les douleurs étaient si fortes que je ne pouvais pas me permettre d'ôter les collants de compression. Au fond de moi, j'espérais qu'il ne fasse pas très beau. Quand il se mettait à pleuvoir et que les températures baissaient, je pouvais enfin souffler un peu. Pendant que les autres touristes étaient un peu tristes, moi, dans mon coin, j'étais contente.

A cette époque, en comparaison à aujourd'hui, mes jambes étaient encore « présentables ». Je les présenterais aujourd'hui fière à la piscine. Mais oui, j'allais rarement à la piscine. Je ne sais pas ce que c'est d'aller à la piscine sans avoir honte… sans avoir peur des regards bizarres des autres, sans que les gens aient les yeux fixés sur moi quand je sors de l'eau.

Je ne sais plus ce que c'est de sentir l'eau sur ma peau quand le soleil brille. Je ne sais plus la chaleur du soleil sur ma peau quand je suis sans manche.

Tous les étés, je me demande ce que c'est de sentir le vent chaud effleurer, frôler la peau de mon corps.

L'été est mon ennemi juré.

Avec mes collants de compression et maintenant aussi les manchons de compression, je suis complètement couverte, transpirant à partir de 25 degrés comme ceux qui sortent du sauna. Les femmes touchées par le lipœdème ne peuvent pas trop s'exposer au soleil. Il faut qu'elles fassent plus attention à ne pas prendre de coups de soleil par rapport aux femmes en bonne santé.

Notre peau est fatiguée, usée, à cause de l'œdème. Une exposition au soleil n'est donc pas conseillée.

110

Mêmes choses pour les piqures de moustiques. Il m'est difficile après qu'un moustique m'ait piqué de ne pas me gratter. Quand on va se promener, les petites bêtes se ruent tout de suite sur ma peau. Je n'ai pas toujours de spray contre les moustiques sur moi. J'ai appris il y a quelques semaines d'une membre de notre groupe de soutien et d'entraide que le plantain lancéolé serait très bien après une piqure de moustique : Cueillir les fleurs du plantain et avec de la salive, placer le plantain sur la peau. Cela devrait soulager.

La question ou le problème du coup de soleil ne se pose pas et plus pour moi. Comment est-ce que je pourrai en prendre un : Habillée de la tête au pied devant le ventilateur marchant à fond, dans un salon où les volets sont à moitié fermés pour pas que le soleil ne rentre dans la maison, j'essaie d'élever le plus possible mes jambes qui me font terriblement mal.

« Il faut que vous fassiez du sport, que vous bougiez. Faites du vélo ou aller à la piscine, c'est encore mieux. »

Oui, bien-sûr. Sans aucun doute. Avec ma démarche, mes genoux, c'est très facile de faire du vélo !

Mon genou droit ne le supportera pas très longtemps. Et je ne parle surtout pas des regards des gens et des réflexions bien-entendu. Alors, aller nager. La pression de l'eau est très bien et bénéfique pour les personnes souffrant d'œdèmes car la nage est comme un drainage lymphatique manuel, elle décongestionne.

Mais à quoi ça sert d'aller nager quand les gens vous font de sales réflexions, vous scrutent, vous dévisagent de la tête au pied.

Je préfère ne pas sortir de chez moi.

J'évite les gens et quand je sors, alors jamais seule, toujours accompagnée. Aller manger quelque part avec des amis ? Alors ce n'est pas une mince affaire et l'histoire commence à être stressante. Une tonne de questions se posent immédiatement. Est-ce que les sièges seront assez larges ? Est-ce que je pourrais m'asseoir dans un coin où on pourrait moins me voir, où je ne serais pas exposée à tous les regards, pas expiée. Comme d'habitude, les gens penseront : « Oh, elle là, elle a un bon coup de fourchette, elle est très certainement toujours en train de manger. »

Je me fais une tonne d'idées. Je me sens contrariée. Le stress augmente. Ne pas regarder de côté, se concentrer sur soi-même. Ne pas rire trop fort, ne pas... ne pas...et encore des ne pas.

Il y a des moments où j'aimerais sortir d'un restaurant en hurlant. J'ai l'impression d'être sur une scène de podium où on me regarde, m'observe, me zieute, m'épie, me scrute, analyse les moindres faits et gestes. On me juge, on me condamne.

Normalement, aller manger doit être un moment de détente, un plaisir. Avoir envie d'aller au resto, de manger quelque chose ailleurs qu'à la maison. Pour moi, une vraie source de stress. Un vrai calvaire. Le fait de choisir un plat est l'occasion de confrontations, d'hostilités, de critiques, de moqueries. Je ne lis pas le menu, je crible la carte. Trouver le plat avec le moins de calories possibles.

Je ne décide pas selon mon envie mais selon le nombre de calories. Des pâtes avec des crevettes à la crème. Ça a l'air pas mal. Délicieux, très certainement. J'aimerais bien manger les pâtes. Mais pas possible, trop de matières grasses, trop de glucides pour un soir.

Alors, quoi prendre ?

Bon, d'accord pour une salade d'émincés de dinde. En fait, j'aurais bien envie de manger une pizza. Pas de pizza, trop de glucides. Alors la salade. Enfin, bof. C'est vrai que les pâtes aux crevettes me tentent bien. Mes amis ont déjà choisi ce qu'ils veulent manger. Mais moi, je ne sais toujours pas ce que je dois prendre.

« Alors ? » Tout le monde me regarde. « Tu t'es enfin décidée à prendre quelque chose ?

Je réagis nerveusement. Je jette vite fait un œil sur la carte. Et comme d'habitude, je choisis le mauvais plat.

Les plats arrivent. Après la première bouchée, la mauvaise conscience me trotte dans la tête pour me torturer, me terroriser tout au long de la soirée.

Mais qu'est-ce que tu fais ? Pourquoi est-ce que tu manges ça ? Tu ne pouvais pas te contrôler ?

J'inspecte le restaurant. Est-ce que les gens me regardent manger ? Est-ce qu'ils parlent sur moi, se foutent de moi ? Demander vite fait l'addition, vite payer, prendre ses cliques et ses claques, rentrer le plus vite possible à la maison. Et la question suivante se pose immédiatement : Comment sortir du resto sans que les yeux des gens soient rivés sur moi ? Sans qu'on me remarque. Se lever avec un sourire radieux, enfiler vite sa veste.

Quitter le resto rapidement mais tranquillement, ne pas regarder dans la salle pour ne pas voler un regard déjà posé sur moi. Etre aimable, se montrer sûre de soi. Plaisanter.

Et enfin, enfin… La porte se referme derrière mon dos. Enfin, c'est terminé. Le calvaire est terminé.

Tout le monde sourit. Quelle belle soirée. Le repas était très bon, un vrai délice. Oh oui, j'acquiesce. C'était une belle soirée, un repas délicieux, une soirée très réussie.

On remet ça ? Oh oui, bien-sûr, bonne idée.

Remettre ça, pourquoi pas. Allez hop, à nouveau sur la sellette…

Mais commençons par expliquer pourquoi j'écris ce livre.

Fin novembre 2014, je remarque sur mon compte Facebook qu'il y a un groupe fermé de soutien pour les femmes touchées par le lipœdème.

Je suis super contente, enfin, ça bouge un peu. Les personnes concernées peuvent enfin discuter, s'échanger des informations entre-elles.

Quelques heures plus tard, d'autres groupes fermés de soutien acceptent ma demande de faire partie de leur groupe. Je peux enfin m'informer. Je vois bien que je ne suis pas la seule touchée, à être malade, à connaître l'enfer avec le lipœdème. Je regarde, je lis, je vois qu'il y a d'autres femmes qui sont autant touchées que moi, qui ont les mêmes jambes, les mêmes bras, la même stature, la même allure. Je remarque qu'il y a des femmes qui souffrent plus. J'y vois de la détresse. Douleurs, tristesse, désarroi, inquiétude sont des mots qui reviennent souvent, qui se lisent souvent. Certaines ont moins d'aisance pour se déplacer, d'autres ont beaucoup de difficultés pour marcher.

J'ai de la compassion pour elles.

Je peux me livrer moi aussi, me délivrer moi aussi.

Je peux pleurer « avec mes mots. »

Je peux être en colère.

Je peux jurer.

Je peux être moi-même.

Et : Je suis enfin entendue, on me comprend.

A partir de cet instant-là, ma famille ne doit plus être là pour ma maladie, ne plus être présente pour moi. A partir de cet instant, j'ai des femmes autour de moi qui ressentent la même chose que moi, qui comprennent comment je vais. Qui sont tristes quand je le suis. Pour qui j'ai de la compassion quand elles ne vont pas très bien. Et ce que je lis toujours :

Il n'y a presque personne qui n'est pas touchée par des troubles alimentaires. Toutes se font des soucis sur leur poids, leur apparence.

Plus la maladie est avancée, plus les femmes sont tristes, doutent d'elles-mêmes. Elles manquent de confiance en elles, n'osent pas sortir. Elles sont seules et solitaires. Elles aimeraient sortir à nouveau, pouvoir mener une vie « normale » comme tout le monde.

Un soir, j'étais sur Internet dans un groupe de soutien et j'appris que les caisses d'assurance avaient pris en charge quelques opérations mais que ce n'était qu'au cas par cas.

Je commençais à me procurer plus d'informations.

Jusqu'à présent, je ne connaissais que deux techniques pour soulager, me délivrer de ces douleurs atroces.

D'un côté, la méthode avec la tumescence. D'un autre côté : La lipoaspiration avec des canules proliférant de l'eau par hydrojet avec la méthode WAL.

Laquelle était la meilleure ? Quel chirurgien utilise quelle technique ? Et combien ça coûtait ?

Certaines personnes racontaient avoir fait un dossier pour une prise en charge et que je pouvais faire de même. Les caisses d'assurance n'avaient pas toujours refusé.

Après beaucoup de recherches, je trouvais un médecin pas très loin de chez moi. Je pris rendez-vous et me présentai. Les choses étaient vite claires. En tant que patiente faisant partie des caisses d'assurances dites publiques en Allemagne, j'avais très peu de chances de me faire ausculter dans les détails.

En cinq minutes, il m'avait examinée, photographiée et mis tous les résultats sur le papier.

Il ferait le dossier, me dit-il et le poserait pour moi. Je pouvais rentrer à la maison.

Quelques semaines passèrent. La caisse d'assurance avait envoyé un papier : refus de la prise en charge. J'aurais été étonnée du contraire. Je fis une lettre pour mettre opposition et énumérait tous les détails pour avoir un dossier en béton.

Je fis la liste des dépenses que la caisse d'assurance prenait en charge et énumérait les autres maladies qui dépendaient du lipœdème.

Des semaines et des semaines s'écoulèrent avant que la caisse d'assurance me renvoie une lettre refusant ma mise en opposition.

J'étais furieuse, je commençais juste à me battre. Je voulais ne plus avoir mal, ne plus souffrir. Et puis mince, que ça coûte ce que ça coûtera, je le payerai moi-même.

Pendant que je me livrais à une longue bataille avec ma caisse d'assurance, je continuais à m'informer dans les différents groupes de soutien. Certaines femmes recommandaient certains médecins spécialisés. Je n'avais certes toujours pas eu de réponse positive à ma demande de prise en charge mais il fallait à tout prix que je me fasse opérer.

Nerveuse et accompagnée de mon mari, nous nous sommes rendus dans une assez grande ville allemande et nous nous sommes garés devant le cabinet médical. Quand je suis entrée et me suis présentée face à lui, j'étais soulagée, je me sentais dans de bonnes mains. Il y avait quelque chose d'apaisant et de charmant en lui.

Il m'examina de façon approfondie et m'expliqua le déroulement d'une opération. On prit ensemble un nouveau rendez-vous. Je ne me souviens plus ce dont nous avons parlé. J'étais si agitée, si préoccupée. J'étais simplement heureuse. Enfin, on m'aidait, enfin quelqu'un m'aidait. Le médecin m'accompagna jusqu'à la porte. Il venait d'ouvrir la porte quand je lui demandai : « Est-ce que j'aurai mal comme maintenant après l'opération ? »

Il referma la porte, se retourna vers moi et me répondit. « Moins, certainement. Je ne peux pas vous promettre si la douleur sera moindre mais après la deuxième opération, vous ressentirez moins de douleurs. »

A ce moment, je fondis en larmes, mes yeux coulaient. Le spécialiste sortit. Mon mari attendait dans la salle d'attente : il avait posé une tasse de café près de lui. Quand il me vit, il se leva de son fauteuil et me demanda : « Tu as décidé que ce serait lui ? »

Je dis « oui » de la tête, montrai la sortie et nous quittâmes le cabinet. Seulement une fois dans la rue, je me tournai vers mon mari. « Bernd, tu ne peux pas t'imaginer comme je suis soulagée, comme je suis heureuse, il m'a dit que j'aurais moins mal. » Bernd me prit dans ses bras. Comme toujours, il me ramenait à la réalité, il avait les pieds sur terre. « Attends un peu, calme-toi, chaque chose en son temps. »

Comme si je voulais entendre ce genre de choses à cet instant. Il avait certainement raison. Mais là, maintenant, je voulais qu'il partage ma joie avec moi.

Bernd me prit la main et m'attira vers lui. Il y avait, en face d'où nous étions, un centre commercial. « On va manger et après on t'achète des vêtements. »

L'idée me convenait parfaitement. Il avait raison. Mon ventre grognait, je mourais de faim. Je regardais à droite et à gauche où je pourrais m'asseoir pour qu'on puisse manger tranquillement. Bernd secoua de la tête. « Incroyable, ils n'ont rien dans leur frigo ou ils ne savent pas faire la cuisine qu'ils sont tous ici ».

Nous étions au centre commercial et il n'y avait presque plus de place pour s'asseoir et pour manger. Tous les restaurants étaient plein à craquer.

Bernd me connaissait sur le bout des doigts. Quand il y a trop de monde auprès de moi, je préfère partir. Même si je devais mourir de faim.

Et donc, nous sommes allés faire les magasins et nous achèterions en route un petit sandwich qu'on mangerait sur le pouce. Mais au bout d'un moment, nous remarquions que nous devions nous asseoir pour manger quelque chose, faire les magasins ne nous disait plus rien. Nous avions faim.

Alors, je tirais sur la manche gauche de mon mari pour qu'il me suive, je décidai de chercher une place pour nous. Je tirais toujours sur sa manche. « Ca m'est égal, j'ai faim et j'ai le droit de manger quand même... ah, là au fond, il y a une table de libre. » Je montrais une petite table, pour deux et jouait des coudes dans l'allée du restaurant bondé pour aller m'asseoir à la table que j'avais trouvée.

Qu'est-ce que je voulais de plus ? Les sièges n'avaient pas d'accoudoir, la table était assez grande pour nous et il y avait moins de gens autour de nous que je pensais. Une fois assise, je n'aurais qu'à regarder par la fenêtre. Je ne remarquerais pas si quelqu'un me regardait.

Ce jour-là, ça m'était égal combien de glucides je mangerais. J'avais mal à l'estomac tellement j'avais faim. De toute manière, les gens me regarderaient d'une façon ou d'une autre.

La viande grillée que j'avais commandée arriva enfin. Toute contente de pouvoir enfin manger quelque chose. J'avais bien-entendu en même temps mauvaise conscience. Je donnais mes frites à Bernd, ce qui fit un peu de bien à ma mauvaise conscience. Toujours cette chasse aux glucides.

Il faut malheureusement constater que nous, les femmes touchées par le lipœdème, n'avons pas un rapport normal avec la nourriture.

Moi, personnellement, je manquais de confiance en moi et je me considérais être un cas difficile. Mais quand je lisais les messages sur les différents forums des femmes touchées par le lipœdème, je ressentais une sensation que nous étions délaissées, mises de côté, que nous étions tristes, nous manquions de confiance en nous, nous manquions de caractère. Nous étions seules, seules avec notre trouble alimentaire, seules avec notre dépression, seules face à tous nos problèmes psychiques. Mais avant tout seules avec nos douleurs.

Les femmes touchées par le lipœdème depuis des années et des années souffrent d'une façon plus intense et grave par rapport aux femmes qui viennent d'apprendre qu'elles ont la maladie. Le diagnostic tombe plus vite de nos jours.

Les personnes touchées peuvent s'informer sur Internet. Il y a des vêtements compressifs et les drainages lymphatiques. Et puis, et surtout, il y a la possibilité de se faire opérer. Même si les caisses d'assurance ne remboursent pas l'opération puisqu'elle n'est pas cataloguée dans les prestations à prendre en charge par les caisses d'assurance maladie. La plupart des femmes décident de financer elles-mêmes l'opération pour qu'elles aient moins de douleurs dans les jambes, pour que la liposuccion minimise les douleurs.

En 2015, une chaîne de télé privée allemande contacta des membres du groupe.

Nous voulions faire une petite manifestation devant le GBA, le comité fédéral de la santé allemande, pour que l'attention soit portée et axée sur nous et la maladie.

Et aussi pour que la société connaisse ou plutôt découvre la maladie. Les choses étaient prévues pour juin. Parallèlement, quelques femmes d'un autre groupe appelaient à se montrer en public. On devait faire publier quelque chose dans les journaux et écrire un article sur nous.

Je me décidai sans plus attendre à prendre contact avec le rédacteur de notre journal local.

A ma grande surprise, il était très intéressé par la maladie.

On se donna vite rendez-vous et on se retrouva chez moi avec ma kiné. Malgré ma nervosité au début, j'étais calme et sereine.

« Depuis quand savez-vous que vous êtes atteinte par la maladie ? »

« Je l'ai appris pour la première fois en 2004 et depuis, je suis en thérapie. »

« Puis-je vous demander si ces thérapies vous aident ? Est-ce que depuis que vous êtes en thérapie le lipœdème a diminué ? »

« Le lipœdème n'a pas diminué, au contraire, il a augmenté malgré la thérapie conservatrice. La thérapie aide sur le moment. Les douleurs s'estompent environ pour deux-trois heures » répondis-je sans regarder le rédacteur dans les yeux.

Je contemplais ma tasse de thé qui était devant moi. La tristesse remontait en moi. Il fallait me battre pour ne pas pleurer.

Tout à coup, je me demandais quelle idée j'avais eu de vouloir faire cette interview. Je savais très bien que beaucoup de personnes liraient cet article, me regarderaient, peut-être m'adresseraient la parole...

« Décrivez-moi la maladie » me pria le journaliste.

« Comme si j'étais en train d'éclater », m'entendis-je répondre.

« Au téléphone, vous m'avez parlé de vos douleurs quotidiennes, pourriez-vous en décrire quelques-unes ? »

Son regard toucha, traversa mon cœur. Je sentais bien qu'il se souciait de moi, qu'il voulait aider.

« Je... » bafouillai-je. « Ca commence le matin au lever ». Je sentais les larmes me monter. « Les douleurs que j'ai en me levant ». Je devais faire une petite pause. « Les douleurs sont intenses, atroces. J'ai l'impression que je marche, que je fais mes premiers pas sur des pierres chaudes. En fait, j'aimerais toute de suite retourner me coucher, ne plus bouger. »

Le journaliste baissa la tête, il faisait jouer et tanguer son stylo entre ses doigts, il touchait la table de temps en temps.

Le silence était tombé à nouveau. Puis une autre question tomba. « Comment se passe votre journée ? »

Je respirais profondément. « Je me torture tout au long de la journée. Je ne peux plus m'asseoir, j'utilise toutes les occasions pour élever mes jambes. » Quand je suis à la table de la cuisine, je prends une autre chaise pour que mes jambes soient dessus. »

Le rédacteur secoua la tête. « Qu'est-ce qui se passe si vous ne le faîtes pas, si vous ne pouvez pas élever vos jambes ? »

« Je ne pourrais pas tenir longtemps, j'aurais trop mal. » Les larmes me coulaient sur les joues. « Il y a des fois où j'aimerais ne plus vivre » m'entendis-je dire.

Je regardai mes jambes et commençai à faire balancer ma chaise. Sabine, ma kiné, prit ma main, caressa mon bras. « Tout va bien, tout va bien.»

Son regard était rempli de beaucoup de compassion, sa présence m'apaisa. Que ferai-je sans elle ?

Sabine était pour moi une bouée de sauvetage.

Nous étions très liées. Une thérapeute qui ne me massait pas seulement, elle était une thérapeute pour l'âme. Amie, thérapeute, psychologue… Sabine. Elle était à mes côtés ce jour-là, elle était là pour m'épauler.

Son regard en disait long. Elle me comprenait, elle savait ce que je ressentais.

Et puis je m'entendis répondre. « On m'exclut. On me juge pour quelque chose alors que je n'y peux rien. Avoir mal tous les jours, ne plus arriver à se déplacer correctement. Etre un poids pour sa famille n'est pas quelque chose d'agréable, ce n'est pas facile à vivre. »

« Ces douleurs sont donc la raison pour laquelle vous voulez vous faire opérer, faire une liposuccion ? »

« Vous voyez » dis-je. « J´ai des douleurs atroces. Je ne peux plus m´agenouiller, plus m´accroupir, plus faire de vélo, plus faire de roller, plus faire de patin à glace, plus jouer avec mes enfants. Depuis mon hernie discale, j´ai une voûte plantaire affaissée et je vis tous les jours dans la peur de ne pas lever assez haut mon pied. Cela veut dire que si le sol n´est pas plat, a des trous ou des irrégularités, je reste coincée, bloquée. Qu´est-ce que je fais si je tombe ? Est-ce que je pourrais me relever ? J´en doute fort. »

« En d´autres termes, vous voulez mener une vie normale, comme tout le monde ? »

J´acquiesçai de la tête...

« J´ai besoin pour cela de me faire opérer. »

« Et le coût pour cette opération n´est pas pris en charge par les caisses d´assurance maladie car la maladie n´est pas cataloguée dans les prestations à rembourser ? »

« Ne m´en parlez-pas » dis-je furieuse. Depuis 2012, le GBA examine si l´opération pour cette maladie doit être prise en charge par les caisses d´assurance et donc être cataloguée. Depuis 2012, imaginez-vous cela ! Et ça va durer encore un bout de temps. »

Le rédacteur fronça les sourcils. « J´ai déjà appelé le GBA à Berlin. On m´a répondu qu´il n´y aurait pas de décision avant 2016, que les médecins devraient entreprendre quelque chose. » Le visage du journaliste était très sérieux.

« Lundi, il y a une manifestation qui a été initiée par SAT 1, la chaîne de télévision. Je vais y aller. Je vais manifester, je n´en peux plus. »

« Je croise les doigts. » Dans les yeux de ce bel homme, je lisais de la compassion et de la compréhension. Il me donna sa main pour dire au revoir et sortit.

Sabine et moi étions seules dans la pièce. Tout à coup, je remarquai un soulagement en moi, je m´étais ouverte. J´avais donné une interview.

« Avais-je bien encore toute ma tête ? »

Jusqu´à maintenant, j´étais restée dans mon coin. Et voilà, que là, j´étais prête à me montrer. Sabine me regardait dans les yeux comme si elle avait lu dans mon regard et dit. « Il n´y a plus de marche arrière. Mais, tout va bien se passer, tu vas voir. »

L´article parut le samedi suivant. En première page, il y avait une photo de moi avec ma kiné. L´article s´intitulait : « Comme si j´éclatais. » L´article était en page 2. On pouvait y lire des informations sur ma maladie, ma vie avec la maladie et le refus de la prise en charge de l´opération, ainsi qu´une remarque sur la manifestation à Berlin.

Impossible de reculer, de faire marche arrière à présent.

« Tu viens en ville avec moi ! » Le ton dans la voix de mon mari était très déterminé.

« Habille-toi, on va manger une glace. Il le faut. Assume et fonce tête haute. »

Je secouai la tête. « Certainement pas, il n´en est pas question. »

Mon mari me tira par la manche. « Allez hop, dépêche-toi. »

Je baissai la tête et le suivit.

S'habiller, aller en ville et souffrir. Mais mon cauchemar n'est pas devenu réalité. Les gens me regardaient, regardaient mon manchon de compression aux bras. Ils se mirent à parler sur moi et puis, ils s'approchèrent de moi. Ils me demandèrent comment c'était de porter une compression aux bras. Ils posaient des questions sur les douleurs, secouaient la tête d'incompréhension sur le comportement de la caisse maladie.

On m'écoutait enfin. On me prêtait enfin attention. On me regardait d'un autre œil, d'un bon œil cette fois-ci. La journée se passa très bien contrairement aux mauvais rêves faits les jours précédents. Les jours suivants, de même que les semaines suivantes, les gens me montraient qu'ils s'intéressaient à la maladie et qu'ils avaient de la compassion.

Et puis ce fameux lundi arriva : la journée à Berlin. En compagnie de mes autres amies aussi touchées et de mon mari, nous sommes montés à Berlin.

Une bonne centaine de femmes s'étaient réunies devant le bâtiment du GBA à Berlin. Ce que je vis, me pétrifia. Je vis des femmes en fauteuil roulant. Certaines se déplaçaient, faisaient quelques pas en déambulateur mais devaient vite s'asseoir sur un siège ou tabouret. Une femme distribuait des sifflets. Nos pancartes étaient toutes pareilles et montraient des photos. La plupart des femmes portaient un t-shirt sur lequel il était marqué leurs revendications. Je n'en avais pas commandé. Je m'étais dit qu'il n'y aurait certainement pas de t-shirt à ma taille.

Accompagnées par l'équipe de télévision, nous voulions nous montrer et montrer la maladie. Et je réussis à parler à l'attachée de presse du GBA. Au début, tout se passa tranquillement et quand notre conversation se termina, elle se retourna et donna une interview.

Il n'y avait pas de quoi à s'inquiéter, il n'y avait pas de mal à voir dans ce geste.

Sauf qu'il y avait des propos devant la caméra que je ne pouvais accepter sans rien dire. Je l'écoutais dire qu'elle ne savait pas que nous manifestions aujourd'hui, qu'elle était surprise de cette action. Elle pouvait nous certifier que tout serait mis en place pour qu'une décision juste et correcte soit prise.

La colère me montait.

Je me mis face à la caméra et interrompit brusquement l'interview en lui expliquant notre but et nos expériences. Elle était certes un peu surprise mais était partante pour répondre à mes questions et à mener une conversation avec moi. La caméra tournait et nous nous sommes mis à échanger haut et fort nos positions. Je me souviens lui avoir dit que je n'étais pas la seule à souffrir mais que ma famille souffrait aussi de la maladie.

« Votre famille ne souffre pas du tout de votre maladie, Madame » me rit-elle au nez.

Je m'étais jusque-là retenue et contenancée mais là, c'en était trop, ma voix était tremblante.

« Mais bien-sûr que si, ma famille souffre de ma maladie, ma fille ne peut pas jouer avec moi, nous ne pouvons pas faire un tour de vélo ensemble, pas faire de patin, je ne peux pas m'agenouiller ou m'accroupir… »

La jeune femme s'esclaffa d'un rire perçant comme si elle se foutait de moi…

« Oui, et alors ? »

A cet instant, je dus respirer profondément pour me retenir… pour ne pas sortir de mes gonds.

Mais que voulais-je attendre de cette femme qui était si mince. J'avais l'impression qu'elle pourrait se casser en tombant. Elle était menue, gracile et élancée. Bien qu'elle soit bien habillée, dans sa jupe crayon et sa petite veste dessus, on distinguait ses os à travers ses vêtements. Ses cheveux mi-longs blonds étaient bien mis, si bien coiffés même qu'on aurait pu dire qu'elle venait de sortir de chez le coiffeur. Je pouvais à peine m'imaginer qu'elle puisse nous comprendre.

A la fin, elle n'était pas très enchantée que l'interview ait été interrompue et que notre discussion ou plutôt altercation soit peut-être diffusée.

Après une petite pause de réflexion, elle se retourna, visiblement énervée et partit. C'était la première fois que j'avais fait preuve de force et de tempérament, que je ne m'étais pas laissée faire, que j'avais tenu bon et que je lui avais tenu tête. Ma confiance en moi augmentait de minute en minute. Je me sentais libérée.

De mon côté, je signais une procuration attestant mon accord que l'interview soit diffusée dans sa totalité. J'étais encore en rage que cette attachée de presse puisse avoir eu l'audace d'affirmer ne rien savoir de la manif. Je savais, de première source, de mon rédacteur qu'il lui avait téléphoné et qu'il l'avait informée de la manif.

Elle lui avait aussi dit quelques propos sur cette manifestation. Si cette dame affirmait ne rien savoir de cette manifestation, alors comment se faisait-il qu'une grande salle avec 50 couverts et des boissons avait été mise à notre disposition ? Comment se faisait-il qu'on nous avait laissé entrer dans le bâtiment pour nous permettre de nous asseoir ?

En plus, dans cette salle, on avait préparé de petits sandwichs. Comme par hasard ? Tout préparé pour autant de personnes ? J'essayais de réfléchir là-dessus en rentrant dans la grande salle. Je regardais quelques femmes s'asseoir et se plaindre, se lamenter. Elles prenaient des verres pour se servir à boire.

Je sortis de mes gonds.

Est-ce que ces personnes s'imaginaient qu'on pouvait nous acheter de la sorte ?

Les couverts, les sandwichs étaient pour une autre occasion, qu'on avait dû, à cause de nous, annuler.

Donc, on pouvait se servir, manger et boire à volonté…

Je demandai à quelques femmes de quitter illico presto le bâtiment. A mon plus étonnement, quelques femmes me suivirent. Plus il y avait de femmes qui partaient, et plus les autres femmes se laissaient convaincre de sortir.

On se réunit devant le bâtiment et on se mit à siffler avec nos sifflets. J'avais remarqué un véhicule de police dans la rue adjacente. Les fonctionnaires de la police nous avaient vus et observés depuis leur véhicule. Mais nous étions si calmes et douces comme des agneaux qu'ils sont restés dans leur voiture.

Après la manifestation, nous trois voulions retourner à la voiture. La journée nous avait bien fatigués et nous avions mal aux jambes après cette action. Une amie et moi décidions de faire une petite pause et d'aller dans un petit café.

Là, d'autres femmes avaient eu la même idée que nous et prenaient un café.

En nous voyant rentrer, elles nous invitèrent à venir à leur table. Andrea me regarda en voulant demander de venir nous asseoir. C'est ce que mon mari et moi fîmes avec enthousiasme. Et quel bien c'était de pouvoir enfin s'assoir et de souffler un peu. Nous nous sommes compris dès le premier instant. Une femme avait fait en train plusieurs centaines de kilomètres pour monter à Berlin.

Un autre avait fait le long voyage en avion. Quelques femmes avaient dû arriver la veille en raison de leur était de santé. Elles avaient pris un hôtel pour venir manifester.

Je réalisais que le temps était venu de rendre encore plus présente la maladie auprès de la société, de la mettre au grand jour. Depuis, des années et des années, des millions de femmes souffraient comme moi.

La sensation de ne pas être seule me réconfortait, me donnait de la force et m'apaisait aussi.

Quelqu'un m'aurait dit que ma vie changerait à partir de cet instant, je ne l'aurais pas cru.

Après avoir échangé nos adresses, nos chemins se séparèrent et nous retournions tous les trois à notre voiture.

Nous étions bien calmes dans la voiture. Nous parlions à peine, nous étions si fatigués et si exténués. Sur le chemin du retour, je remarquai que j'avais faim. C'est Bernd qui demanda à vouloir faire une pause et à manger quelque chose.

On décida de s'arrêter à une aire de repos pour aller manger dans un resto rapide. Simplement en franchissant le seuil de la porte, je ne me sentis pas bien.

Je me sentis déstabilisée, perdant mon assurance et ma confiance à chaque pas posé dans ce resto-rapide. Mais nous étions si fatigués et avions fait tellement de kilomètres que nous ne voulions pas rebrousser chemin. En un quart de tour, j'inspectai le resto pour trouver une place pour nous. Comme d'habitude, je regardais où nous pouvions nous asseoir sans problème, sans que le siège soit trop étroit et à l'abri de tout regard. J'avançai au comptoir pour commander.

Je perçus le visage d'Andrea. Son visage était rouge. Elle avait l'air fatiguée. Elle avait attaché ses cheveux châtain foncé pour en faire un chignon. Son visage, normalement si radieux, avait disparu. Elle pinçait ses lèvres et regardait le sol. Elle se tenait devant moi dans sa tunique blanche et son pantalon clair comme si elle préférait s'asseoir qu'attendre debout pour commander.

Quand je lui demandai ce qu'elle voulait manger, mon amie secoua de la tête.

« Comment ça » demandai-je. « Tu ne veux rien manger ? »

« Non, Peti, les gens nous regardent tous. » Sa tête montra à droite tout en continuant en me regarder.

Je secouai de la tête, j'étais tellement en colère. « Bon, alors, que prends-tu ? Décide-toi, sinon, je commande pour toi ! »

Je ne me reconnaissais pas. Ce n'était quand même pas moi qui parlais comme ça !

Je ressentis une nouvelle sensation. C'était si étrange mais ça me plaisait. Je passai commande et, tête haute, me dirigeai vers une table. J'avais même un beau sourire aux coins des lèvres.

Et à quoi pensais-je ?

Je m'imaginais les personnes nues. Avec des rides partout. Je me répétais : Avec les têtes qu'ils ont, ces gens devraient plutôt faire appel à la chirurgie esthétique. »

Cette phrase et idée me plaisaient et me faisaient sourire.

Andrea mangera très vite. Elle ne regardait que devant elle, surtout pas à droite ou à gauche. Elle prit ma main et la mit sur son bras. Je lui souris, et elle me répondit de la même façon. Pas très sûre d'elle et embarrassée.

Le silence avait fait place maintenant autour de nous. Nous échangions peu de mots entre nous. Pendant que je mangeais mon hamburger, je pensais déjà comment éliminer ces calories que j'étais en train d'avaler. Je me consolais cependant en me disant que je m'étais bien dépensée ces dernières heures ce qui excusait donc ces calories.

Comme assez souvent ces dernières années, j'essayais toujours de trouver des excuses quand je n'étais pas assez ferme, stricte et disciplinée avec moi, quand je n'avais pas assez de volonté.

Je regardais mon gobelet de coca sur la table, j'étais un peu soulagée de constater que j'avais épargné quelques calories là-dessus. Mon mari remarqua que je regardais la valeur

nutritive des aliments sur la table. Son regard en disait long :
« Petra, arrête, ça suffit. »

« Ca suffit quoi ? »

« Tu sais très bien de quoi je parle, arrête maintenant. »

Naturellement, je savais de quoi il parlait. Mais lui poser bêtement la question pour qu´il se taise était une tentative. Malheureusement, peine perdue. Je soupirai profondément et donna un petit coup de coude à Andrea : « On reprend la route ? »

« Ce serait bien avant que je n´en puisse plus. » Andrea soupira et lissa ses cheveux foncés de sa main droite.

Je ne me sentis pas très sûre de moi à nouveau. Toujours essayer de ne pas se faire remarquer, passer inaperçue, aller au plus vite vers la sortie pour ne pas être scrutée de la tête au pied.

Mes pieds me faisaient mal, mes jambes avaient gonflé. J´avais du mal à marcher. Je vis deux très belles femmes qui, figées, nous dévisageaient. Elles semblaient effarées et puis, elles dirent : « Mon dieu, mais regardez-moi ça. »

Je restai un instant pétrifiée, incapable de faire le moindre le pas, gênée. Puis, je dévisageai à mon tour ces femmes. Elles avaient une taille très fine, et comme toujours, il fallait que « J´analyse » leurs jambes. Elles étaient bien fermes dans un jean droit qui soulignait leurs belles gambettes. Sur leur jean, elles portaient une petite veste cintrée, laissée ouverte pour laisser voir leur silhouette féminine. Elles étaient élégantes et belles. Elles avaient des talons hauts. Mon manque de confiance ressurgissait. Mes yeux regardaient le sol. Ne pas regarder...

A peine assise dans la voiture, Andrea me demanda son sac. Elle y prit des anti-douleurs qu´elle avala sur le champ avec un peu d´eau.

« Je n´arrive plus à me passer de ces trucs-là » : Ses yeux étaient remplis de larmes. Sa voix était si tremblante.

« Pourquoi est-ce que tu ne prends pas d´anti-douleurs ? »

« Si, si j´en prends mais de temps en temps. J´essaie d´en prendre le moins souvent possible. » Et puis, je me tournai vers elle et lui avouai : « Mais si je n´en prends pas, je suis agressive et injuste. Je suis bonne à rien faire. »

J´eus besoin de quelques minutes pour comprendre et réaliser que cela ne pouvait plus durer ainsi, que cela ne pouvait plus continuer comme ça. Que je ne voulais plus souffrir. J´avais l´impression pour la première fois que la vie ne valait pas la peine d´être vécue. Je mourais d´envie de crier, de hurler.

Je regardais Andrea prendre ses médicaments. Elle avait eu du mal à marcher, avait eu de la peine à rentrer dans la voiture pour s´asseoir sur le siège arrière. Je voyais qu´elle avait honte d´elle. Je l´entendais gémir. Pour la première fois, j´entendis ma propre respiration. On l´entendait plus que celle des autres. Je m´entendis souffler. Je ne m´étais pas encore vue comme ça. Vieille, fragile, pouvant à peine marcher... à cause des douleurs aux jambes, boitant à moitié, manquant d´assurance, fuyant le regard des autres, les épaules rentrées et vautrées.

Je remarquai pour la première fois que je pouvais à peine marcher, tous mes faits et gestes étaient limités, comptés, restreints au plus. Je ne dis plus rien. Mon mari monta dans la voiture. Puis, il démarra : direction la maison. Dans un environnement familier où je me sentais bien. Enfin, où je me sentirais mieux que là, à cet instant.

A peine arrivés à la maison, nous nous sommes assis dans la cuisine pour prendre un café. L'eau coulait lentement dans la cafetière. L'odeur du café ravivait mes sens. Je pouvais enfin respirer de nouveau. Andrea semblait aussi se sentir mieux. Se retrouver dans un lieu habituel lui faisait du bien. Comme d'habitude, je pris une seconde chaise pour la mettre de façon que mes jambes soient posées dessus. Quel bien après 12 heures ou plus de pouvoir enfin élever ses jambes.

Mon mari prit les tasses de l'étagère et nous servit. Je pris moi-même du lait et j'entourais la tasse de mes deux mains. Pendant qu'Andrea et moi bavardions un peu, mon mari nous laissa seules. Je pris une gorgée quand Bernd accouru dans la cuisine. Il avait le téléphone dans sa main droite.

« Il faut que tu écoutes ça. » Il me donna le téléphone.

« Qu'est-ce qu'il faut que j'écoute ? »

Bernd appuya sur la touche haut-parleur du téléphone et me tendit l'appareil.

« Oui, bonjour c'est…. à l'appareil. On aimerait beaucoup faire un documentaire avec vous. Le sujet est votre lipœdème ! »

Mon cœur battait la chamade. Ca grésillait dans mes oreilles. J'avais du mal à entendre ce qu'on disait à l'autre bout du fil.

J'appuyais à nouveau sur la touche du téléphone pour réécouter le message qu'on avait laissé.

Mon amie me regardait avec ses yeux, toute souriante.

« C'est G É… N I A L !, tu ne trouves pas ? » Ses yeux brillaient.

J'avais du mal ce soir à réaliser, à comprendre ce qui se passait autour de moi. Elle était là, la chance de ma vie était devant moi. Je pouvais expliquer la maladie aux autres, les sensibiliser, les informer. On me donnait cette opportunité, cette chance ! Je sentais la gêne, l'embarras, la honte remonter en moi, à la surface. Je pensais aux femmes qui étaient restées sur le parking après que nous soyons partis du resto-rapide, qui avaient parlé sur nous, qui nous avaient critiqués, qui avaient dit du mal sur nous. Ce n'était pas le bon moment pour prendre, là, à cet instant, une décision.

Je poussai de ma main gauche le téléphone sur la table pour le mettre de côté. J'essayai d'ignorer ce coup de téléphone. Andrea me regarda avec un étonnement comme si elle voulait me demander pourquoi j'avais écarté le téléphone de mon champ de vision. J'évitai son regard. J'étais fatiguée. Ma tête était remplie d'informations. Il fallait que j'emmagasine tout, que je fasse le tri, que je digère tout ça.

L'interview, le coup de téléphone qui s'ensuivit, la manifestation, le projet de film et là maintenant cet appel téléphonique pour faire un documentaire avec moi. Andrea le remarqua et décida de rentrer chez elle. On s'est prises dans les bras l'une de l'autre et sommes restées longtemps ainsi. Je la regardai partir avec sa voiture, et je quittai la fenêtre quand je ne pouvais plus voir les phares allumés de sa voiture au loin.

Quand je me couchai un bout de temps plus tard, j'étais incapable de m'endormir. Mon mari était allongé à côté de moi, je me tournai vers lui pour le regarder. Je pris alors sa main et fermai les yeux. D'habitude, ce geste me calmait, m'apaisait. Mais cette fois, non, ça ne marchait pas. Il y avait trop de choses qui se passaient en ce moment, ça me faisait peur. Des souvenirs du passé ressurgissaient, des évènements agréables mais aussi moins agréables ne me laissaient pas tranquilles. Puis le sujet de la bouffe revenait sur la table, toujours ce sujet.

Je me rappelais tout à coup d'une histoire qui était enfouie en moi et dont j'aurais tellement voulu effacer.

Merle s'était blessée au bras en tombant de l'escalier à la maison. Etant donné que je ne pouvais pas estimer si c'était grave ou pas, je pris la voiture pour l'emmener aux urgences. Là-bas, il fallut attendre des heures avant que Merle soit examinée, qu'elle ait passé une radio et qu'on la soigne.

On avait passé toute la matinée aux urgences et on avait un autre rendez-vous l'après-midi. On décida de ne pas rentrer à la maison pour manger mais de prendre quelque chose en ville.

On est allées dans un supermarché pour prendre un truc à la boulangerie. Merle s'était pris un sandwich jambon fromage et un cacao.

Moi, au comptoir, je me battais contre la faim. J'aurais moi aussi bien voulu prendre un sandwich. Et un cacao aussi. Mais ma voix intérieure me grondait déjà.

Prends un thé et un petit pain avec une petite salade composée de choux. Ça a l'air moins calorique et les gens ne te regarderont pas.

L'eau me venait entre temps à la bouche mais je tins bon et pris le thé et le petit pain avec la salade de choux. Le plateau dans les mains, je pris la direction d'une table un peu en retrait au fond de la boulangerie.

J'avais choisi cette place exprès car à côté de nous, un couple d'un certain âge était assis et semblait à première vue cultivé. Je n'aurais pas à me tracasser, à ne pas avoir peur de me coltiner une réflexion désobligeante de leur part.

Mais comme si souvent, je m'étais bel et bien trompée. J'avais tout mis devant Merle et avait enlevé le plateau pour le mettre de côté. Je pouvais maintenant, moi, manger à mon tour. La première bouchée était un vrai délice.

Au moment où je croquais dans le petit pain pour la deuxième fois, le vieil homme avec ses cheveux blancs se tenait devant moi. Ses yeux gris perçaient mon regard, il commença à ricaner, avança et posa sa main sur mon épaule droite.

Il se pencha vers moi et nous dit : « Bon appétit à vous deux, mais pour vous, Madame, ce n'est pas la peine, ça se voit tout de suite que vous avez bon appétit. »

Il enleva sa main de mon épaule et partit tranquillement en regardant à gauche et à droite comme si de rien n'était. Sa femme me sourit en acquiesçant. Je regardai le petit pain dans mon assiette. Je remarquais que la paume de ma main me faisait mal. Mes ongles de ma main gauche s'étaient enfoncés dans ma main droite. Mon poignet était tout blanc.

J'entendis seulement un battement. Le battement de mon cœur qui semblait ne pas vouloir se calmer. Je regardai Merle. Je la vis tête baissée, regardant mon assiette, puis son assiette. Puis elle prit son sandwich pour croquer dedans.

Je ne sais pas ce que j'aurais donné pour être seule à cet instant-là sans Merle. Je n'étais pas seule, alors, je me passai de faire une réflexion.

Le vieil homme m'avait littéralement coupé l'appétit.

J'aurais bien voulu repousser mon sandwich sur le plateau montrant que je n'en voulais plus. Mais je savais que Merle l'avait remarqué. Je voulais lui épargner le plus de stress possible. La matinée avait été assez mouvementée comme ça, je ne voulais pas en rajouter.

J'aurais bien voulu échanger quelques mots avec cet homme qui m'avait surprise et choquée par son comportement, lui dire quel pauvre type il était. Moi, au moins, je pouvais me tenir, j'étais civilisée. On ne pouvait pas en dire autant de lui.

J'étais sur le canapé du salon et je ne pouvais pas m'endormir. Tellement de choses s'étaient passées.

Les souvenirs défilaient dans ma tête. Je m'obligeais à penser à quelque chose de positif, à quelque chose de bien. A mon enfance qui avait été si douce avec mon père, quand on faisait de la luge. Des souvenirs resurgissaient et ça me faisait sourire. Quand mon fils m'avait barbouillée le visage de gâteau. Comme j'avais ri. Je pensais à Merle qui était montée en cachette sur la commode pour se mettre de la crème pour bébé, pour sentir « bon le bébé ». Les rideaux, les murs en avaient pris aussi une couche. Son pantalon, son pull, tout était plein de crème et sentait « bon le bébé ».

Je pensais à ma mère quand elle était dans la cuisine avec moi en train de faire un gâteau.

Je retrouvais le sourire. Comme c'était de souvenirs agréables. Je regardais le piano dans notre salon.

Je commençai à me détendre. Je sentis le calme s'installer au fond de moi. Mes pensées se tournèrent vers Merle. Je la vis, assise derrière le piano, en train de jouer un morceau pour moi. J'écoutai la musique de Ludovico Einaudi. Et puis enfin, je m'endormis.

La date de la diffusion a mis des semaines à être fixée. La date était toujours et toujours repoussée. Et puis, enfin la chaîne diffusa enfin notre manifestation. A ma grande surprise, on avait un peu coupé l'altercation entre l'attachée de presse et moi. Mais, dans l'ensemble, le documentaire était très réussi. On montrait enfin au grand jour, au public, notre maladie. La société, le monde mettait enfin un nom à cette maladie.

C'était important, il n'y avait pas d'autres mots à ajouter. Même si à la fin de la manifestation, quelques femmes, qui n'avaient pas participé, avaient critiqué l'action en disant qu'une centaine de femmes en train de manifester ne suffiraient pas. Mais, nous, qui avions participé, étions fières d'avoir fait un peu bouger les choses. Nous avions voulu faire passer un message sur la maladie, sensibiliser, informer. Je faisais partie de ces courageuses et j'en étais fière.

Grâce au reportage, à la diffusion de la chaîne de télé et maintenant qu'une société de production était prête à tourner avec moi, tout cela m'avait donné de la force, de l'entrain et du courage. J'étais prête à continuer à me battre, à soulever des montagnes.

Une chose était claire pour moi. Il fallait que nous, femmes touchées, croyons plus en nous. Il fallait que nous soyons plus courageuses et que nous n'ayons pas honte car nous n'y pouvions rien. C'est ainsi que j'acceptai l'offre de la société de production, de tourner un petit film sur le sujet du lipœdème.

J'étais super nerveuse. Je n'avais pas la moindre idée de ce qui m'attendait. L'équipe du film était très jeune, mais assez professionnelle pour m'enlever la peur de la caméra. On s'était donnés rendez-vous chez moi à la maison. Les premières prises ont eu lieu dans le salon. Il fallait que mon mari et moi soyons assis à la table à manger et que nous parlions de ma maladie. Au début, je n'arrêtais pas de trembler et j'avais du mal à parler. Au fil du tournage, je me sentis de mieux en mieux. Je ne prêtai plus attention à la caméra et l'interview se déroula mieux. La scène suivante qu'il fallut tourner était dans ma ville natale. J'avais déjà mal partout.

Nous nous étions mis d'accord de tourner sur le marché qui avait lieu ce jour-là et de jouer une scène où nous faisions les courses.

Je devais traverser la place du marché avec un panier. Ensuite, enlever ma petite veste, de mettre bien en ordre et ajuster ma jupe et enfin de flâner de stand en stand.

Le regard des passants était insupportable. Je devais marcher sur les pavés et encore traverser une autre fois.

Il fallait que je m'arrête intéressée à un stand pour y acheter des légumes. Je sentis que je n'allais pas tenir le coup. Je ne me sentais pas bien du tout. Je sentis que j'allais m'évanouir d´un moment à l´autre. Les 34 degrés dehors rendaient le tournage difficile, à la limite du supportable. Tous les gens autour de moi étaient habillés de façon légère, en manches courtes. Et moi ! J´avais ma compression aux jambes, aux bras, une longue jupe, un haut avec par-dessus une veste, le tout par 34 degrés sur une place de marché.

Quand quelqu´un dit enfin « merci », on fit une petite pause. Ce qui m´arrangeait beaucoup.

Nous pouvions enfin rentrer à la maison. La climatisation m´attendrait et je pourrais me cacher.

« Il faut qu´on vous filme maintenant avec votre mari, je vais poser des questions et vous parlez comme si nous n´étions pas là. »

Mon mari tenait ma main et nous regardions les photos du bon vieux temps. En regardant de plus près les photos les unes après les autres, j´étais frappée par le fait que mes jambes étaient déjà bien touchées après la première naissance. Et bien que mes jambes aient été si grosses, je pouvais m´agenouiller. Aujourd´hui, un souhait qui ne pourra plus se réaliser.

Après cette scène, nous nous rendions chez mon cardiologue. Il avait été aussi d´accord pour donner une interview. Il confirma devant la caméra combien il était difficile de mesurer la pression artérielle pour les femmes touchées par le lipœdème. Le moment où le brassard était sur le bras, les douleurs qui augmentent quand le bras est comprimé. On filma tout ce qu´il raconta.

Mon médecin traitant était prêt à jouer une scène.

Mais, cette scène était une de trop pour moi. Je devais m'asseoir, tendre mon bras. Puis, mon médecin devait mesurer avec un mètre ruban mon bras et montrer la circonférence.

S'il y avait quelque chose qui me gênait beaucoup, me contrariait, c'était bien qu'on montre mon corps ou une partie de mon corps de près. Pour moi, une horreur et donc hors de question. Je commençais à pleurer au fond de moi-même. Il n'y avait pas de mot pour décrire ce calvaire, cette torture.

Mais, je me suis souvent dit et répétée que je ne faisais pas cela pour moi. Je le faisais pour ma fille, pour toutes les femmes afin de leur épargner ma souffrance. On avait enfin terminé de tourner, on pouvait quitter le cabinet médical.

Dans ma tête, il était clair qu'on ne ferait qu'une autre scène avec une seule et unique prise, pas une de plus. Je ne pourrais pas en supporter d'autres. Nous sommes allés chez ma kiné. La propriétaire du cabinet nous attendait déjà. On fit un tour et regardions la salle de soin. La pièce où on me ferait mon drainage lymphatique était bien fraîche. Ce qui changea radicalement. Avec l'équipe de tournage, les projecteurs, la température augmenta en un instant si bien que tout le monde se mit à transpirer. Je m'allongeai et ma kiné commença à faire le drainage manuel lymphatique.

Je me souviens encore que la propriétaire avait longtemps hésité avant d'accepter qu'on puisse tourner le film dans ses locaux.

Je lui étais et suis toujours plus que reconnaissante.

Quand quelqu'un dit enfin « merci », c'était enfin terminé…
J'étais au bout de mes forces physiques et mentales. Nous
sommes tous sortis de la pièce et je pouvais renfiler mes
vêtements de compression. Tout le monde m'attendait dans
le couloir. La nervosité disparut et la tension s'envola.

Nous étions dehors devant le cabinet du kiné et voulions dire
au revoir quand je sentis que j'avais les jambes en coton. Tout
tournait autour de moi. Je pris le bras de mon mari.

« Il faut que je m'asseye », m'entendis-je dire.

Puis, je m'assis tout simplement sur les marches de l'escalier
du bâtiment.

J'entendis quelques bruits autour de moi. Ma tête semblait
vouloir exploser ou éclater. Je ne me sentis pas du tout bien.
Je me demandai tout à coup ce que je venais de faire.
Brusquement, je réalisais que des millions et des millions de
gens me verraient.

Moi qui me terrais tout le temps. Je me déshabillais à présent
devant la caméra, montrais mes jambes et me présentais
devant un miroir.

Moi qui cherchais à me faire petite comme souris et qui ne
voulais pas me montrer, pas sortir en ville, je me montrais en
maillot de bain dans une piscine privée. Je ne savais plus si
j'avais toute ma tête. Si tout ce que j'avais fait pour l'instant
en valait vraiment le coup ? En valait la peine ? Est-ce que les
autres femmes touchées comprendraient pourquoi et pour
quelles causes je faisais tout cela ? Que je me battais pour
elles et pas seulement pour moi ?

Questions sur questions…

Je ne mis pas le bout de mon nez dehors les jours suivants. J'avais déjà l'impression qu'on me persécutait. Je ne voulais voir personne, je ne voulais parler à personne.

C'était l'horreur.

Quelques semaines plus tard, le téléphone sonna. La société de production m'annonçait que le film avait été vendu à une chaîne de télévision, on me donnait la date de la diffusion à la télé.

Le film passa, on me montrait. J'étais horrifiée. Le reportage montrait bien et soulignait les difficultés que j'avais dans la vie de tous les jours. Quelle image de moi avaient maintenant les gens derrière leur télé ? De plus, des erreurs s'étaient glissées tout au long du documentaire, ce qui me contrariait et m'attristait. Je n'avais pas investi toute ma force, tout mon courage pour ça ! Quelle honte ! J'aurais voulu que peu de gens regardent ce film. Je pleurais comme une madeleine.

Puis le téléphone sonna. Mon amie était au bout du fil et me racontait qu'elle venait de regarder le reportage et que ce n'était pas si grave que ça.

Ses mots n'ont pas réussi à me consoler, n'ont pas pu m'aider à prendre sur moi, à prendre le dessus.

Le téléphone n'arrêta pas de sonner les heures suivantes. Des femmes de tout le nord de l'Allemagne m'appelaient pour raconter leur histoire, leurs souffrances avec la maladie du lipœdème. Elles voulaient me donner des conseils.

Que je le veuille ou non, il fallait que je les écoute.

J'étais tellement occupée avec le documentaire à la télé que j'avais oublié d'écouter les soucis, les problèmes, les tracas des autres femmes. Ce jour-là, je réalisai qu'il y aurait autre chose dans ma vie que la maladie.

Peu à peu, je commençais à aller mieux. J'essayais de reprendre le fil du quotidien. Je réussis quelques fois, quelques jours à ne pas penser au lipœdème. En plus des appels concernant le reportage télévisé, des femmes avaient téléphoné, elles avaient lu l'article dans le journal. Le téléphone sonnait sans arrêt. Des femmes touchées me contactaient pour me féliciter et pour m'encourager de continuer d'informer et de sensibiliser sur la maladie. Beaucoup de femmes souhaitaient qu'on fonde dans notre circonscription une association d'entraide et de soutien.

Au début, je n'étais pas très chaude, pas très partante à cette idée. Moi, diriger une association d'entraide ? Jamais de la vie, pour rien au monde. Mais, c'est mon mari qui m'encouragea à entreprendre quelque chose.

Et puis, je me suis dit que : B*on, je vais fonder d'abord une table des habituées, on verra bien combien de femmes viendront.*

La réponse si quelqu'un était intéressé était devenue superficielle les jours suivants.

La décision de rencontrer d'autres femmes touchées me tenait beaucoup à cœur.

Nous avions besoin d'un endroit où nous ne serions pas dérangées. Si les dames pensaient comme moi, elles voudraient être à l'abri des regards des gens, de la société. Si plusieurs femmes fortes étaient à une table, elles allaient inévitablement ne pas vouloir s'afficher devant tout le monde. C'est du moins ce que je pensais personnellement.

Dès le début, je remarquais qu'il n'était pas facile de tout organiser. Quand je venais de résoudre un problème, un autre ressurgissait aussitôt. La recherche de la salle pour se rencontrer s'avérait corsée. Il fallait que je pense à plusieurs choses. Au cours des semaines, le problème de la salle était toujours à l'ordre du jour.

Nous avions besoin d'une pièce séparée. Personne ne devait nous voir ou nous entendre. Les pièces devaient avoir un accès facile, peu de marches ou même sans marches. Les chaises devaient être larges, donc sans accoudoirs et pas dures. La hauteur des sièges ne devait pas être trop basse. Il devait y avoir assez d'espace pour que les dames en déambulateur puissent entrer et se déplacer sans problème. Il fallait donc que je pense à la largeur des portes. Est-ce qu'elles seraient assez larges pour qu'un déambulateur puisse entrer dans la pièce ? Est-ce qu'on pourrait entrer avec un fauteuil roulant ?

La salle devait être bien située dans la circonscription pour que toutes les femmes concernées puissent venir. La recherche d'une salle s'avérait donc un travail de Titan.

Je passais sans arrêt des coups de téléphone. Je recherchais sur Internet, j'appelais plusieurs cafés-restaurants. Je… Je…

Je n'avais plus de temps pour ma vie de famille, pour moi. Je ne remarquais pas au début que j'avais délaissée ma vie de famille, je l'avais mise de côté. J'étais tellement fixée à fonder ce groupe, à aider d'autres femmes.

Après des semaines de recherches, j'avais enfin trouvé une salle. Le propriétaire était prêt à mettre à notre disposition une salle séparée.

Il fallait certes qu'on traverse une autre salle pour y accéder. Mais nous étions entre nous. Les chaises étaient larges et sans accoudoir. La pièce était claire et bien agencée. Le personnel était aimable, accueillant mais discret. Je pris peur la première fois quand le propriétaire s'assit à la table et voulait me parler.

« Je t'ai vue dernièrement à la télé. Un soir quand je suis rentré du travail. »

On pouvait lire sur son visage un brin d'étonnement et il continua : « Alors, je peux te dire une chose. Si le docteur n'y avait pas mis son grain de sel, je ne t'aurais pas cru du tout, pas un seul mot. »

Je me demandais si je voulais vraiment continuer à écouter ces commentaires. Je lui souris : « Je pense que beaucoup de gens sont dans la même situation que vous. Il y a beaucoup de préjugés et d'ignorance. »

Je me levai pour mettre fin à cette conversation.

Il remarqua que je ne voulais pas continuer à bavarder avec lui, il se leva enfin et quitta la pièce. Beaucoup plus de femmes sont venues à notre première rencontre, ce qui me fit plaisir. J'étais heureuse de savoir que je n'étais pas la seule atteinte de cette maladie. Il y avait d'autres femmes près de chez moi, dans notre région, qui souffraient aussi du lipœdème. Je n'étais plus seule !

Il fallut quelques mois pour que je me sente bien dans la fonction de responsable du groupe. Les mois s'écoulèrent et notre communauté grandissait à chaque rencontre. Beaucoup de femmes faisaient de plus en plus souvent la remarque que la dénomination de « Table des habituées » n'étaient plus appropriée vu le nombre de femmes à chaque rencontre. La salle n'était plus assez grande pour accueillir autant de femmes. Il fallait trouver un autre endroit. On revenait au point de départ. Gratuite et calme, avec des chaises confortables, adéquates, une bonne accessibilité. Il était impossible de trouver un endroit avec tous ces critères.

J'étais presque désespérée et voulait laisser tomber quand je demandais à la direction du centre Allerlüd si elle avait des locaux pour des rencontres.

J'avais frappé à la bonne porte. On était prêt à m'aider.

La responsable d'un centre où plusieurs générations vivaient sous le même toit était prête - après l'accord du maire - à nous soutenir, à nous aider et nous proposait une salle à Allerlüd.

Nous avions enfin trouvé un endroit pour nous, pour nos rencontres.

Quand j'étais en ville un matin, je tombai sur une femme que je connaissais bien. Elle dirigeait elle-même une association d'entraide et de soutien. Elle me parla de l'idée de fonder enfin une association. On obtiendrait ainsi des aides financières et on serait plus actives, plus présentes. Il fallait sauter sur des occasions et opportunités comme celles-ci. On pourrait faire imprimer les dépliants. Je pourrais faire faire des cartes de visite. On reconnaitrait à sa juste valeur mon travail. Je changeai ainsi d'idées.

La table des habituées laissa la place à l'association d'entraide et de soutien.

J´étais sûre que si j´étais responsable de l´association, j´aurais plus de reconnaissance de la part des membres et ainsi plus de possibilités. L´idée me séduisait d´avoir plus de moyens, plus de marges de manœuvres pour faire connaître la maladie. Je pris ainsi contact avec une grande caisse d´assurance maladie pour qu´elle me conseille. J´appris que je pouvais poser des dossiers pour des projets mais aussi pour des demandes forfaitaires. On pouvait enfin imprimer les dépliants. Il était temps de concevoir, d´élaborer un dépliant.

La conception du dépliant s´avéra plus que difficile. En un mot, rocambolesque. Quand je revois notre premier dépliant, je le regarde toujours avec fierté. On a investi beaucoup d´heures de travail dans ce dépliant. Peu de personnes peuvent s´imaginer le nombre d´heures que nous avons passées pour pouvoir présenter ce dépliant.

Par chance, une jeune et magnifique jeune femme faisait partie de notre groupe. Elle venait d´avoir 23 ans et avait déjà été opérée trois fois.

Je me souviens encore la première fois que je l´avais croisée, je m´étais dit : « Oh mon dieu, que fait cette beauté parmi nous ? »

Puis, elle raconta son histoire ou plutôt son calvaire. Elle décrit ses douleurs qu´elle devait subir tous les jours, les réflexions de ses camarades de classe, les regards méprisants, dédaigneux des gens. Elle raconta son parcours ou plutôt son odyssée jusqu´à l´opération. Elle raconta comment l´opération s´était déroulée. A cet instant, je savais qu´il fallait que je me fasse opérer.

On s'est données rendez-vous toutes les deux. On devait se rencontrer dans un café. Arrivée à l'heure, je commandai un café et un biscuit. Je regardai l'heure. J'attendis. Elle n'était toujours pas là. Je pris mon portable et lui écrivit un message. Une petite question : *Où es-tu ?*

« J'ai loupé l'heure car je n'ai pas entendu le réveil sonner » me répondit-elle.

Je souriais devant l'écran. Au fond de moi, je secouais la tête. Je l'appelai. « Je suis encore au café si tu veux. »

Et tout à coup, la porte s'ouvrit et notre beauté entra dans le café. Elle semblait sûre d'elle et de bonne humeur. Elle s'assit à ma table.

« Tu veux prendre quelque chose à boire ou manger quelque chose ? »

« Non, merci, j'ai pris mon petit-déjeuner. »

« Viens », dis-je et je me levai. « On va te chercher un truc à manger. »

On était toutes les deux debout et nous sommes allées au comptoir. On commanda pour elle un cacao et un petit sandwich.

J'avais vu clair dans son jeu.

« Pas facile de manger à l'extérieur, en société ? »

« Oui, tout à fait » répondit-elle en regardant la table.

« Et tu fais comment quand tu vas faire les courses ? »

« Mon copain m'accompagne. »

Le sujet était remis sur la table. L'alimentation et le lipœdème. Quel poids avait le lipœdème dans notre vie ? On n'était même pas capables de déguster un petit café. Je l'observais attentivement et scrupuleusement.

Ses longs cheveux blonds bouclés tombaient sur son visage de façon élégante. Son teint était un peu hâlé. Sa peau était bien pure. Sa bouche pleine. J'aurais été un homme, je me serais tout de suite retournée dans la rue en la voyant. J'aurais voulu tout de suite l'aborder. Ses yeux bleus étaient attentifs. Ses cils soulignaient ses yeux. Et pourtant, cette créature, si belle, avait de gros problèmes. Pas si sûre d'elle comme elle le laissait paraître.

Le monde à l'envers, pensai-je.

Je revins à moi et lui parlai de notre dépliant. La conversation était agréable, détendue et très créative. On se mit d'accord sur une photo de moi qui avait paru dans le journal.

De plus, elle voulait dessiner une silhouette qui, ressemblait à nous, femmes touchées par le lipœdème.

On avait posé la première pierre de notre dépliant.

Quand nous quittâmes le café, je remarquai qu'elle se sentait bizarre. Je ne pus m'empêcher de lui faire la remarque : « Détends-toi, c'est moi qu'ils regardent et pas toi, je ne passe pas inaperçue. »

Elle me sourit et marcha plus vite.

Quand j'étais dans la voiture, je fermai les yeux pendant quelques instants. Quelle maladie était le lipœdème pour influencer notre quotidien de cette façon, de cette envergure ? Et dérober notre joie de vie. Des millions de femmes souffrent de cette maladie. Supposons que je me casse le bras, je me rends à l'hôpital, on me fait passer une radio, on me soignera. Personne ne remettra en question un quelconque remède, dispositif médical ou traitement. On sera au plus grand soin pour que je guérisse au plus vite. Au besoin, opéré. C'est la démarche la plus normale et que tout le monde connaît.

Et qu'en est-il pour nous, femmes malades du lipœdème ? On consulte un médecin. Il pose un diagnostic. Il prescrit des dispositifs médicaux et on quitte le cabinet médical. La maladie en elle-même ne sera pas guérie.

Revenons sur ma soi-disant fracture du bras. Admettons que je me casse le bras. On court aux urgences. Je passe une radio et le médecin vous dit : « Vous êtes mal tombé, la facture est plus compliquée qu'on le pensait. Il faut donc opérer. Malheureusement, la caisse d'assurance ne prend pas en charge les frais. Mais je peux vous proposer d'éclisser le bras et de vous prescrire des attelles. Mais, je doute que l'os puisse se consolider un jour. »

Bon et que faites-vous maintenant ? Porter plainte ? Pas possible de payer vous-même l'opération. Vous avez assez d'argent pour vous permettre de vous faire opérer ? Vous acceptez le traitement que la caisse d'assurance vous propose et vous prenez le risque de plus jamais pouvoir bouger votre bras comme avant ? Question : « Alors, que faites-vous ? »

Sauf qu'on aidera la personne avec le bras cassé. Qu'on ne puisse pas vous aider totalement et complètement ne nous viendrait pas à l'esprit.

La question suivante se pose : Pourquoi va-t-on dépenser tellement d'argent dans la thérapie conservatrice alors qu'une opération serait à long terme plus rentable ?

Mais qu'est-ce que la thérapie conservatrice ?

Les vêtements compressifs et le drainage manuel lymphatique constituent la thérapie conservatrice. Il existe différentes maisons de fabrication. Le vêtement, en tricotage rectiligne est fabriqué à plat sur une machine, le nombre de mailles est variable en fonction de la zone du corps de la zone à comprimer. En d'autres termes, le nombre de mailles diminuera ou augmentera selon l'anatomie et épousera parfaitement la partie du corps. La compression est déterminée par le tissu, par le matériau utilisé et la force du fil de trame.

Chez l'orthésiste, on mesurera la circonférence exacte des jambes, des bras. Le procédé peut faire un peu mal car il s'agit d'une technique spéciale de prises de mesure (mesures en traction). Avec ces mesures individuelles, l'anatomie est reproduite exactement et l'œdème ne peut s'agrandir. La décongestion peut avoir lieu. En portant le rectiligne, les mailles de la compression se dessinent clairement sur la peau, le rectiligne exerce un effet de drainage, de massage et favorise la diminution de l'œdème. La compression reflète exactement l'anatomie.

Les douleurs s'estompent grâce à la pression qu'exerce le rectiligne sur les jambes. Parfait donc. Oui, on serait tenté de le croire. Le rectiligne est une bonne chose sauf que le lipœdème continue de se proliférer et de grossir.

Qu'en est-il du drainage lymphatique manuel (DLM) ?

Il existe pour cela des kinés spécialisés et qualifiés pour cette forme de thérapie. La patiente est allongée, doit enlever son vêtement de compression.

Avec les doigts et la paume des mains, la kiné va exercer un massage afin de stimuler la circulation de la lymphe, pour décongestionner l'œdème. La pression du massage varie mais suit toujours le sens de la circulation lymphatique. On commencera par le cou, puis sous les aisselles, pour descendre au ventre et à l'aine. Le drainage lymphatique manuel dure environ 30 à 45 minutes et doit s'effectuer au moins deux fois par semaine. Quels sont les effets du drainage lymphatique manuel ? La peau est plus élastique, les jambes sont « plus légères », la circulation de la lymphe est stimulée et l'organisme est détoxiqué.

Tous ces dispositifs médicaux peuvent soulager et apaiser les douleurs.Sans ces traitements, j'irais plus mal que je vais actuellement. Mais malgré tout, mon lipœdème s'est aggravé et un lymphœdème est apparu. Et bien-entendu, je pose la question :

A quoi bon faire tout ça ? Pourquoi entreprendre tout cela ? Actuellement, je vais trois fois par semaine au drainage lymphatique manuel qui dure une heure et demie.

En comptant l'aller, le retour, chercher une place pour se stationner, se déshabiller, se rhabiller, je mets bien deux heures à chaque fois. En plus du drainage, je possède un appareil de pressothérapie que j'utilise tous les jours pendant 45 minutes. C'est un massage qui s'effectue par le biais de compression. C'est un massage qui s'effectue par le biais de compression et décompression d'air afin d'exercer des pressions variables sur le corps enveloppé. Il me faut enfiler une grande « botte à chambre à air » et me faire masser pendant 45 minutes.

Je dois porter des collants de compression. J'ai droit à deux collants par an plus un de rechange. Il me faut porter les collants de compression par tous les temps même si on est en plein été et qu'il fait plus de 30 degrés dehors. Mais qu'est-ce que je veux de plus ? On fait tellement de choses pour moi.

Croyez-vous ! On pourrait m'opérer et ainsi me soulager de ces douleurs. Je pourrais peut-être ne plus porter de vêtements de compression. Je n'irais peut-être plus au drainage lymphatique manuel. Peut-être ne plus devoir utiliser l'appareil de pressothérapie.

Simplement, le fait de m'imaginer ne plus avoir de douleurs est impensable. Quelque chose de difficile à m'imaginer. Se lever le matin sans que les os vous tiraillent. Sans que les articulations soient dures comme du béton, soient lourdes comme du plomb.

Pouvoir bouger, se déplacer et être capable de faire une activité sportive. J'irais nager. J'irais m'asseoir au soleil, boire un latte macchiato et je sentirais le vent effleuré ma peau. Mais la réalité est différente. Je suis à l'ombre dans un collant de compression, avec des manchons de compression et je transpire. J'élève mes jambes soit sur une chaise, soit j'improvise et trouve un coussin ou autre chose pour élever mes jambes...

Quand je marche, quand je me déplace, j'ai toujours mal aux jambes. Des douleurs qui me font gémir. Des douleurs qui font que je ne veux pas bouger d'un poil.

Là, maintenant quand j'écris ce livre, il fait déjà 28 degrés. Je suis dans le salon, j'ai baissé les volets pour que le soleil et donc la chaleur ne rentre pas dans la pièce. La climatisation marche. A cause de ma mauvaise circulation, il faut éviter de sortir dehors par cette chaleur.

Le ciel est bleu, sans nuage, le soleil brille. J'entends les gens qui sont assis dehors dans leur salon de jardin et qui discutent entre eux.

Moi, je suis vautrée dans mon salon, seule. J'ai proposé à ma famille qu'elle fasse un petit tour dehors, qu'elle prenne l'air par ce temps. Ils ne font pas cela normalement, ils préfèrent rester dans le salon assis devant la télé ou jouent sur l'ordinateur portable.

Je les regarde partir et je ressens une profonde tristesse et là, j'aimerais tout quitter, quitter ce monde pour ne plus vivre, ne plus souffrir.

J'ai l'impression que je suis un poids pour eux, une charge. Sans moi, ils auraient une meilleure vie. Peut-être que je devrais partir. Ils arriveraient à se débrouiller sans moi. Ma fille a un âge où elle est capable de vivre sans moi, sans mon aide, sans mon soutien.

Mon fils y arriverait aussi. Je ne me fais pas de soucis pour mon mari, il se débrouillerait. Alors, qu'est-ce qui me retient à la vie ?

Qu´est-ce qui me raccroche à la vie ? Qu´est-ce qui me retient dans ce monde ?

Qu´est-ce qui m´empêche d´abandonner mes amis ?

Honnêtement, je n´en sais rien.Je pense à cet instant à ma fille. Est-ce que je veux vraiment renoncer à son sourire ?

Ne plus écouter sa musique ? Est-ce que la roue de la vie tournerait vraiment ?Non, certainement, pas.

J´ai le droit de vivre, j´ai mérité de vivre. Et je veux vivre. Je veux être là pour ma famille. Continuer à être là pour ma famille et je me battrai. Celui qui ne se bat pas, a déjà perdu.

Je ne veux pas abandonner et je n´abandonnerai pas. Même les jours où le soleil est radieux, quand le vent caresse doucement les arbres et que je suis dans le salon...

Le lipœdème. Dr. med. Mario Brandenstein. Clinique Restel & Brandenstein. Königsallee 66; 40221 Düsseldorf

Le lipœdème est une maladie chronique dont l'évolution est pathologique. Elle est toujours symétrique et implique un trouble chronique héréditaire de la répartition des tissus adipeux. La graisse s'accumule de façon démesurée et disproportionnée au niveau de certaines parties du corps. Les zones du corps touchées sont les cuisses, les mollets, les fesses et les bras. Cette accumulation de graisse résiste aux régimes alimentaires et au sport. La maladie touche uniquement les femmes. La cause exacte de la maladie du lipœdème n'est pas encore connue. On suppose une origine hormonale et une prédisposition génétique à cette maladie. La maladie peut survenir à la puberté, au cours d'une grossesse ou à la ménopause. Un changement ou dérèglement hormonal déclenche le lipœdème.

Qu'est-ce qui se passe pour la patiente touchée ? Le plus souvent, la jeune fille remarque au cours de la puberté une disproportion entre ses hanches, quelques fois les mollets tout comme ses fesses, et le reste du corps. Par le biais d'un dérèglement hormonal, le tissu adipeux grossit et accumule du liquide.

Ce mélange provoque une pression au niveau des tissus ce qui engendre une sensation de « jambes lourdes », des douleurs spontanées à la pression, au repos ou au toucher.

Le lipœdème est sensible au toucher et peut faire apparaître des bleus ou hématomes. Les bras peuvent être aussi touchés. Qu'un lipœdème puisse se manifester au niveau du ventre ou à d'autres parties du corps est controversé. La morphologie peut supposer une obésité (adiposité) bien que le dos du pied, la taille en général ainsi que le buste tout comme le cou et le visage sont minces.Le diagnostic du lipœdème est difficile à poser car près de 50% des femmes atteintes du lipœdème sont sujettes à un surpoids.

Actuellement encore, une erreur de diagnostic peut entraîner des troubles du comportement alimentaire et des troubles psychiques. De nombreuses femmes touchées doivent se battre pendant des années avant qu'on leur pose le bon diagnostic.

La maladie a été décrite pour la première fois en 1940. Selon le tissu de la peau, le lipœdème se caractérise par des jambes de « type colonne » et de lobules ou bourrelets. On distingue quatre classifications selon les zones du corps touchées.

Type 1 : Phénomène de la culotte de cheval. Augmentation du tissu adipeux au niveau des hanches et des fesses.

Type 2 : Le lipœdème s'étend aux genoux.

Type 3 : Le lipœdème s'étend des hanches jusqu'aux chevilles (culotte de zouave).

Type 4 : Les jambes et les bras sont touchés par le lipœdème (à l'exception des pieds et des mains).

Type 5 : Le lipœdème manifeste une accumulation chronique de la lymphe et provoque une rétention d'eau et des œdèmes au niveau des mains et des pieds. Apparition du lipo-lymphœdème.

De plus, il existe différents stades (changements cutanés)

Stade 1 : Peau d'orange, relâchement de la peau.

Stade 2 : Phénomène du matelas, nodules de taille moyenne.

Stade 3 : Nodules de grosses tailles, modification articulaire dégénératrice et induration croissante du tissu adipeux.

Le lipœdème est encore peu connu et peu de recherches ont été entreprises jusqu'à ce jour.

Il n'existe actuellement aucune thérapie qui mène à la guérison. Comme thérapie conservatrice, les patientes ont les vêtements compressifs, le drainage lymphatique manuel et la pressothérapie. Une perte de poids est fortement conseillée pour les personnes en surpoids et un changement d'alimentation est nécessaire.Une alimentation saine et équilibrée (avec peu de glucides) ainsi qu'une activité physique régulière est importante.

Henry Schulze

Kiné et spécialiste de la décongestion d´Augsbourg

Les techniques du drainage lymphatique manuel (DLM) ont été découvertes dans les années 1870 par le chirurgien Alexander von Winiwarter. Toutefois, ce traitement n´a pas été suivi.

Dans les années 1930, Dr. Phil. Emil Vodder et sa femme Estrod Vodder s´inspirent du travail de Winiwander et développent une nouvelle technique. Bien qu´Emil Vodder soit masseur de formation, les techniques ne sont reconnues que comme médecine alternative. Le docteur allemand Johannes Asdonz au début des années 1960 va attacher plus d´importance à cette technique dans la recherche médicale puisque sa femme, esthéticienne, pratiquait cette technique. Les années suivantes, les techniques s´améliorèrent et la thérapie avec les vêtements compressifs combinés au drainage complètent le traitement dit conservateur de base. « La thérapie décongestionnante complexe » (TDC) est ainsi née.

La collaboration étroite entre Asdonk et le couple de médecins Michael et Etelke Földi ont révolutionné la recherche en lymphologie. La thérapie décongestionnante occupe une place à part dans la physiothérapie.

La formation en lymphologie est très rudimentaire dans le monde entier encore de nos jours. Le système lymphatique est un domaine peu recherché et exploré en médecine malgré les travaux de recherche d'Asdonk et Földi. Ce manque d'informations explique de ce fait la difficulté à diagnostiquer le lipœdème.

L'Allemagne a un rôle précurseur dans le domaine de la lymphologie sur le plan international. Vue souvent comme « berceau de la lymphologie », de nombreuses cliniques se sont spécialisées en Allemagne et savoure une renommée internationale. Toutefois, beaucoup de médecins ne connaissent pas toujours la lymphologie.

Même si le système de santé allemand ne semble pas très coopératif, nous, thérapeutes et patientes bénéficions d'un cadre global plus favorable en comparaison avec les autres pays. Les caisses d'assurance maladie prennent en charge beaucoup de prestations dans le domaine de la lymphologie. Toutefois, il reste encore beaucoup à faire pour informer, sensibiliser, pour poser le bon diagnostic et proposer une thérapie adaptée et adéquate.

Le système lymphatique est à voir comme un système à sens unique, constitué de petits vaisseaux, et de ganglions qui sont reliés à toutes les parties du corps humain. Ce système filtre, fait circuler les liquides, empêche la formation d'œdèmes, absorbe et défend notre corps d'infections.

Pour la thérapie du lipœdème, le kiné va masser les membres pour que la lymphe circule mieux et correctement. On peut comparer le système lymphatique à une autoroute. Le système lymphatique bouché peut se voir comme un embouteillage sur cette autoroute. En suivant le sens de la circulation lymphatique (au niveau du cou), le kiné va, à l'aide de mouvements circulaires, exercer une pression pour que la circulation de la lymphe soit relancée et dégorgée. Le drainage lymphatique manuel peut être recommandé et indiqué pour traiter diverses maladies diagnostiquées préalablement.

Le drainage lymphatique manuel peut être vu comme le sport du système lymphatique, le drainage entraine, ravive, améliore les défenses de l'organisme, il soulage aussi les œdèmes.

Concernant le lipœdème, il y a plusieurs possibilités de thérapies lymphologiques, dépendant du stade de la maladie. Au début, il s'agit plus de lipohypertrophie, une anomalie du tissu adipeux, il n'y a pas encore d'œdèmes dans le tissu adipeux. A cette phase de la maladie, un vêtement de compression à tricotage rectiligne suffit entièrement comme soins médicaux. Le problème malheureusement est qu' à ce stade, peu de patientes ont déjà le diagnostic lipœdème.

Sans thérapie, la lipohypertrophie va accumuler du liquide lymphatique, le tissu adipeux se dégrade et des œdèmes apparaissent. Les douleurs naissent en même temps au toucher et à la pression. Les meilleurs soins médicaux sont la thérapie de compression à tricotage rectiligne (à porter tous les jours), le drainage lymphatique manuel et la pratique de sport. Toutefois, le drainage porte ses fruits pour le lipœdème si la patiente a une bonne hygiène de vie, si elle fait du sport avec des vêtements de compression et si elle pratique des sports aquatiques.

Le sport dans l'eau draine, comprime et offre une classe de compression n° 4 alors que la plupart des patientes ont des vêtements de compression classe n° 2.

La pression hydrostatique de l'eau exercée sur le corps est très bénéfique aux femmes touchées par le lipœdème. Plus le corps est immergé dans l'eau (pas seulement à la surface), plus l'eau va drainer, va comprimer et décongestionner le corps.

Au niveau médical, alterner les phases de décongestion avec les drainages est important. Si on ne traite pas le lipœdème, d'autres entités cliniques ou maladies peuvent apparaître comme par exemple le lipo-lymphœdème.

En plus du lipœdème, il y a une formation malléolaire d'œdèmes commençant de la cheville et qui augmente vers le haut de la jambe. Le tissu sous-cutané est épaissi et induré. Cette accumulation abondante de liquide riche en protéines dans les tissus entraîne une tuméfaction.

Une autre aggravation de la maladie qui s'en suit peut être une complication avec des varices. Pour conclure, la thérapie lymphologique conservatrice est possible selon les différents types de lipœdèmes en respectant toutefois certains points. Le lipœdème doit être accepté de la part des patientes comme maladie, une maladie qui fait partie à part entière de leur vie. Le lipœdème exige un traitement à vie, nécessitant une coopération permanente entre le kiné, les docteurs spécialistes et de la discipline tant sur le plan de l'alimentation qu'au niveau sportif.

Il existe en anglais dans le milieu du lipœdème et lymphœdème.

« I have lipedema, lipedema does not have me » ou bien « je ne suis pas grosse, j'ai de la graisse.

» Ces phrases reflètent bien ce que veut dire l'acceptation, d'être atteinte du lipœdème.

Ce qui est aussi important et ce que les thérapeutes soulignent :

- Drainage lymphatique manuel, utilisation des appareils de pressothérapie avec mode d'emploi et démonstration.

- Port régulier de vêtements de compression à tricotage rectiligne.

- Sport et exercices de respiration avec des vêtements de compression ou dans l'eau

- Soins de la peau

- Un mode alimentaire sain et équilibré peut avoir une influence positive sur le lipœdème, une alimentation cétogène peut avoir des bienfaits sur le lipœdème. Une alimentation riche en glucides peut aggraver le lipœdème.

Une certaine discipline est exigée tous les jours tout comme le fait d'accepter et de supporter la douleur. La patiente est elle-même actrice dans la thérapie du lipœdème. Une aide psychothérapeutique et une aide professionnelle en nutrition peuvent être recommandées.

Pour toutes les patientes souffrant des lymphes, il est bien d'être soutenues dans un réseau de lymphologie avec du personnel médical spécialisé, avec des kinés et des thérapeutes, des orthésistes expérimentés.

Pour parler de la liposuccion Naturellement, pour beaucoup de patientes, l'opération est vue de façon libératrice.

 Oui, dans certains cas, elle peut aider, soulager.

Mais il faut parler toutefois des douleurs post-opératoires, ce qu'on oublie souvent de mentionner.

 Il peut y avoir aussi d'éventuelles complications. Ce qui est très important, l'opération doit être d'ordre médical et respecter les lymphes et de ne pas les blesser.

Dans le cas contraire, de plus gros problèmes pourraient survenir. Le port de vêtements compressifs est dans la plupart des cas après l'opération nécessaire.

Quelques mots sur moi :

Henry Schulze, Augsbourg, Allemagne, thérapeute en lymphologie engagé depuis 2005. Une bonne thérapie des lymphes ne fonctionne qu'avec passion, engagement, idéalisme et une bonne dose de curiosité.

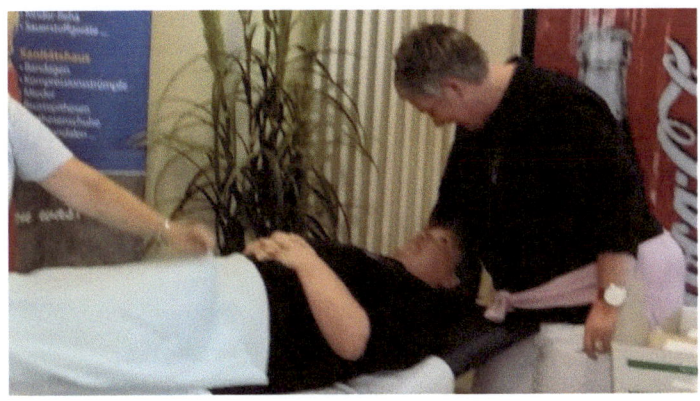

Bianca Hoppe et Meike Sindermann membres du Wendland LiLy

Dr. Nicole Langner- germaniste et psychologue (M.A)

Chers lecteurs,

J'aimerais me présenter. Je m'appelle Dr. Nicole Langner. J'ai un doctorat en psychologie et en germanistique. Je travaille dans le secteur universitaire (suivi de travaux de recherches).

On m'annoncé que j'étais atteinte du lipœdème alors que j'avais déjà 30 ans et que j'étais au stade 3 de la maladie. Comme pour beaucoup de femmes touchées par le lipœdème, le diagnostic est tombé tard, trop tard.

Mon histoire est longue, parsemée de beaucoup d'embûches, de souffrances, le tout avec des douleurs dans les jambes et une prise de poids importante. A la fin de la puberté (juste avant le bac), mon corps a beaucoup changé. Au sens propre du terme.

Je suis restée toujours mince mais mes jambes semblaient disproportionnées par rapport au reste de mon corps. J'avais des douleurs presque tous les jours. Mais, malheureusement, personne ne prit au sérieux mes plaintes.

La puberté et le début de l´âge adulte est une période de bouleversements, une quête de sa propre identité. L´apparition du lipœdème à, exactement, cette période dans une vie de femme est très émotionnelle, dramatique voire traumatisante.

La honte de son corps, les douleurs qui vous rongent la joie de vivre, qui freinent les activités sportives, qui vous donnent un sentiment d´infériorité qui se manifestent par le dégout de soi-même.

C´est souvent la première pierre posée pour un trouble du comportement alimentaire. Malheureusement, nous vivons dans une société fondée sur le rendement individuel où l´attractivité est sur le même piédestal que le succès.

Des jeunes femmes s´identifient aux publicités et se comparent avec leurs copines du même âge. Il leur faut constater malheureusement qu´elles ont l´air différentes des autres filles et qu´elles sont impuissantes en face de leur propre corps.

Puisque la maladie évolue progressivement, la peau, les douleurs, la circonférence, la sensibilité au toucher se dégradent. D´autant plus quand le diagnostic tombe tard et que la thérapie conservatrice n´est pas mise en place rapidement. Une prise de conscience face à la maladie est aussi primordiale.

A la période où l´on découvre son propre corps à travers une autre personne, la honte, le sentiment ne pas être à la hauteur, de ne pas être assez bien, pas assez attractive sont omniprésents et envahissent l´esprit. Ces adolescentes blessées vont devenir immanquablement des femmes blessées qui essaieront de se construire une façade pour que le monde ait une autre image d'elles. Le sentiment de ne pas être à la hauteur, de pas être assez bien se traduira sous d'autres formes : compenser ses sentiments d'infériorité en voulant être perfectionniste, en voulant être intransigeante avec soi-même, en voulant être performante, en voulant faire toujours plus et par ailleurs toujours en voulant essayer de se démarquer des autres, en voulant être différente des autres. En mettant la barre aussi haute et en se mettant une pression aussi forte, le repli social faisant immanquablement partie du quotidien tout en gardant une mauvaise image de soi. Se priver de nourriture, avoir des attaques et crises de compulsions alimentaires, se faire vomir semblent la solution quand on a perdu le contrôle de soi-même. Quelques femmes ont tendance à se faire mal, à se blesser, à se mutiler elles-mêmes. Les sentiments d'impuissance et les offenses reçus et occasionnés par le monde extérieur seront compensés en engloutissant de la nourriture, en se gavant, en se laissant mourir de faim.

A ces moments précis, elles ont le sentiment de compenser ce contrôle de leur corps, leur vie. Puisque dans un monde narcissique, un monde où il faut être la meilleure, où tout est possible en faisant preuve d'un peu de discipline, les patientes avec un lipœdème trouvent vite leurs limites.

La qualité de vie se dégrade à cause des douleurs de plus en plus atroces, le regard des autres qui blesse, qui fait mal, la sensation de ne pas être capable de former, d'« éduquer », de discipliner son corps comme on le souhaite, de ne pas être à la hauteur de la société, de ne pas être comme « il faut » malgré les bons et gentils conseils des autres. Tout cela mène à un déséquilibre, à un trouble du comportement alimentaire et laisse une âme meurtrie à jamais.

En étant active au sein de divers groupes de soutien sur Internet et étant membre de l'association d'entraide « Lipödemhilfe Deutschland e.v. », les femmes ont écrit, ont raconté leurs conflits, leurs craintes, leurs soucis face à l'avenir.

Après être allée dans diverses cliniques de rééducation pour les personnes atteintes de troubles alimentaires et après m'être faite opérée, je n'ai presque plus mal.

Depuis la liposuccion, je me sens mieux, plus féminine, j'apprends difficilement à accepter mon corps. On n'est pas encore ami, mais on peut dire que c'est l'armistice entre moi et mon corps.

Je suis préoccupée par le fait que beaucoup de femmes aujourd'hui souffrent, comme moi, j'ai souffert il y a quelques années.

Il est difficile de trouver dans des livres la moindre information sur la combinaison lipœdème et troubles du comportement alimentaire.

Mon objectif est de faire changer cela ces prochaines années. J'aimerais secouer l'ensemble des spécialistes et leur montrer que le lipœdème n'est pas seulement limité à un corps déformé.

En 2016, j'ai décidé de faire un sondage basé scientifiquement sur ce sujet.

J'ai questionné plus de 500 femmes « opérées » et « pas encore opérées » sur leur vie affective et sur leur comportement alimentaire.

Les résultats étaient ahurissants :

40% des femmes interrogées soufrent de « Bing-eating disorder »

21% souffrent de boulimie et 3% d'anorexie

54% étaient en plus obèses

Seulement, 2,2 % ont indiqué ne pas connaître de troubles du comportement alimentaire.

Vous pouvez trouver le sondage complet en inscrivant mon nom.

Les semaines à venir, j'aimerais débuter la deuxième partie du sondage et pouvoir arriver à long terme à obtenir des résultats pour que l'ensemble des spécialistes, pour que les proches des patientes tout comme les conjoints, familles, amis et collègues aient une meilleure approche de la maladie et des patientes touchées par le lipœdème.

Les maladies des troubles du comportement alimentaire ne doivent plus être un sujet tabou. C'est la raison pour laquelle, je suis de tout cœur avec le projet de Madame Jahrend.

Les personnes touchées, qui cherchent de l'aide, du soutien peuvent contacter Lipödemhilfe Deutschland e.v. ou me contacter.

Ne laissez pas tomber et surtout ne vous laissez pas aller.

Cordialement,

Nicole Langner

Le lipœdème

Dr. Antje Mark, Bauernfeind AG, responsable marketing phlébologie

Signes cliniques

Le lipœdème est une prolifération disproportionnée du tissu adipeux des membres du corps tout en ne touchant pas les pieds et les mains. Cette disproportion est répartie toujours de façon symétrique. Une tendance aux hématomes et des œdèmes apparaissent sans raison. La maladie chronique qui affecte presqu'exclusivement les femmes, s'installe généralement lors de changements hormonaux (puberté, grossesse, ménopause).

La prolifération du tissu adipeux engendre des douleurs accrues, lancinantes, oppressantes à la pression, au contact et à la tension. La thérapie du lipœdème comprend essentiellement deux objectifs: soulager les douleurs et éviter les complications. Au centre du traitement, il y a la thérapie décongestive complexe appelée TDC. La TDC comporte deux phases. La phase de décongestion et la phase d'entretien.

Compression pour un lipœdème

Pour décongestionner le tissu et éviter que l'œdème ne s'accroisse, on pratiquera d'abord le drainage lymphatique manuel et les bandages de compression.

Parallèlement au drainage lymphatique manuel, les vêtements de compression font partie du traitement conservateur. Dans la phase d'entretien et d'optimisation, les vêtements sur mesure à tricotage en rectiligne favorise le succès du traitement et empêche la progression d'autres œdèmes.

Le port de vêtements de compression rectiligne sur-mesure est un pilier fondamental dans la thérapie du traitement du lymphœdème et du lipœdème. Seuls les produits rectilignes peuvent offrir une compression optimale et adéquate sur les parties du corps touchées et également soulager les personnes touchées de leurs douleurs.

Puisque les patientes seront généralement contraintes de se plier toute leur vie à une thérapie de compression, il est très important de porter de façon conséquente les vêtements de compression pour un résultat optimal du traitement conservateur.

Technique du tricotage rectiligne

Les vêtements de compression médicaux à tricotage rectiligne sont fabriqués à plat sur une machine et n'ont leur forme définitive que lorsque les bords sont cousus ensemble par une couture plate.

Le nombre de pailles est variable selon la zone anatomique, les mailles ont toutefois toutes la même taille. La pression du vêtement va dépendre du nombre de mailles et sera déterminée par le matériau et la force du fil de trame mais pas de la tension. La pression de travail élevée du matériau va pouvoir s'adapter à toutes les parties du corps comme les jambes et ainsi masser, comprimer.

Le port de vêtements compressifs

Puisque les vêtements de compression doivent être portés toute la journée et tous les jours, ils doivent offrir ces qualités suivantes :

- S'adapter parfaitement aux zones du corps sans couper ou glisser.

- Convaincre les patientes de les porter.

- Avoir une qualité de matériau de compression optimale.

- Etre agréable sur la peau pour que la peau respire.

- Etre facile à enfiler et à enlever.

- S'adapter aux besoins individuels des patients et être à la mode sans que le côté médical se voit.

Bauernfeind propose une gamme de vêtements de compression en respectant une haute qualité de compression pour faciliter le quotidien des patientes tout en gardant l'effet médical de compression.

Les produits de la ligne Veno Train Curaflor offre six coloris aux patientes (crème, caramel, anthracite, noir, marine et bordeaux).

Il existe plus de 1000 possibilités de combinaison de produits et d'accessoires pour le quotidien, adaptés et sur mesure de la patiente.

Des zones de confort spéciales pour les genoux et aux coudes tout comme les coutures plates offrent un traitement conservateur thérapeutique optimal et à la carte pour les patientes portant un rectiligne.

Activités avec la compression

Des activités sportives modernes comme le vélo, la marche ou des exercices de gymnastique sont conseillées pour relancer le flux lymphatique et décongestionner les zones du corps touchées.

Il est impératif que les personnes touchées portent leurs vêtements de compression pendant ces activités. Les sports aquatiques comme la natation, l'aquajogging, l'aquaérobic sont fortement recommandés car ils procurent une pression stimulante, un massage drainant sur le corps dans l'eau tout en protégeant et soulageant les muscles, les articulations.

Les sports aquatiques permettent d'éviter la rétentlon d'eau et d'autre part, une dépense calorique est plus élevée dans l'eau.

Alimentation et hygiène de vie

Un régime alimentaire comme thérapie ne peut réduire ou influencer le lipœdème puisque le lipœdème résiste à tous les régimes. Toutefois, une hygiène de vie et un mode alimentaire, surtout pour les personnes en surpoids doivent être strictes et exemplaires. De plus, les œstrogènes peuvent entrainer une rétention d'eau et pouvant relâcher ainsi des tissus conjonctifs provoquant un lipolymphœdème. Il n'existe pas de régime spécifique au lipœdème.

Il n'existe pas de régime spécifique pour la maladie du lipœdème. Puisque la lipogénèse est une suite de réactions chimiques aboutissant à la synthèse de graisses et favorisant un haut niveau d'insuline, elle accentue la formation d'œdèmes. Il est donc recommandable d'éviter un haut taux d'insuline et de glycémie ainsi que de mettre en place de longues pauses entre les repas.

Les personnes touchées doivent suivre un mode alimentaire sain et équilibré composé de beaucoup de fruits et de légumes frais, peu de viande et de graisses tout comme beaucoup de produits à base de farine complète et de poissons tout en limitant une alimentation riche en sel.
 Boire beaucoup d'eau favorise les patientes à rester en forme et à se sentir bien.

Par ailleurs, un soin de la peau pour le corps tout comme pour les zones touchées est très importante.

Des crèmes hydratantes tout comme des lotions nourrissantes sont des produits que les patientes devraient utiliser et éviter des crèmes ou huiles de massage avec une texture grasse.

Informations pratiques

Afin de garantir à long terme une bonne thérapie, il est primordial que les patientes portent quotidiennement leur compression.

Des aides pratiques pour enfiler et enlever la compression existent et facilitent le quotidien des patientes, les médecins peuvent les prescrire.

D'autres aides spécifiques pour le quotidien sont des détergents qui proposent un lavage protégeant la texture de la compression, ces détergents sont faciles à utiliser même en machine (maximum 40 °C lavage pour linge délicat).

Compression pour une meilleure qualité de vie

Le lipœdème est certes une maladie chronique, mais les patientes peuvent faire beaucoup au quotidien afin que l'œdème ne s'accentue pas.

Le port permanent de vêtements de compression améliore et stimule le transport lymphatique et entraine une réduction de l'œdème.

De plus, les douleurs se font moins mincir. Les vêtements de compression améliorent la mobilité tout au long du quotidien et offre une meilleure qualité de vie aux personnes touchées.

Bianca Hoppe

La vie est belle même en portant des vêtements de compression

Caroline Sprott

La mode avec le lipœdème

Frustrations, douleurs et impuissance accompagnent une personne touchée par le lipœdème toute sa vie. Ces trois ingrédients mélangés ensemble vont donner un cocktail toxique qui, peu à peu, année après année va empoisonner à petit feu l'humeur et empêcher de vivre. Il est important d'avoir de bonnes occupations car le lipœdème freine le quotidien.

Les amis, la famille, le jardin, la musique, le sport ou bien aussi la mode peuvent redonner du baume au cœur et remédier aux coups de blues que procurer si souvent le lipœdème.

La mode est devenue ma thérapie. Après avoir su que j'étais atteinte du lipœdème, j'ai appris avec les années à accepter de vivre avec les vêtements de compression. Je les ai intégrés dans mes tenues, les ai assortis avec mes vêtements. Les gens ont commencé à les regarder et donc à me regarder différemment. Mes collants de compression, mes manchons et mitaines font partie intégrale de mes tenues. Ils sont devenus des accessoires de mode, ils tapent à l'œil des gens. Ça fait ainsi bouger l'esprit du monde extérieur.

Aujourd'hui, je peux inspirer, de par mon expérience, les autres femmes touchées à porter sans gêne, en toute liberté, leurs vêtements de compression.

Ne plus voir ces vêtements comme une tare, comme un ennemi, comme un intrus mais de les porter comme un symbole de liberté. Parce que c'est ce que les vêtements de compression nous procurent. Ils soulagent nos douleurs, donnent une pointe de couleurs à notre garde-robe et en plus nous gardent en bonne santé par leur but initial : Comprimer et drainer. Ils font partie de nous, de notre quotidien, de notre vie. C'est fatiguant de devoir se battre tous les jours contre un corps étranger, contre un ennemi. Alors, pourquoi ne pas assumer et accepter les vêtements de compression pour mieux vivre avec la maladie ?

Toute personne touchée doit s'offrir le plaisir et la liberté de porter ce qu'elle veut, se sentir bien dans ses vêtements. Le lipœdème n'a en aucun cas le droit de nous enlever le plaisir de nous habiller, de rester féminine. Il n'a pas le droit de nous priver de cela, certainement pas.

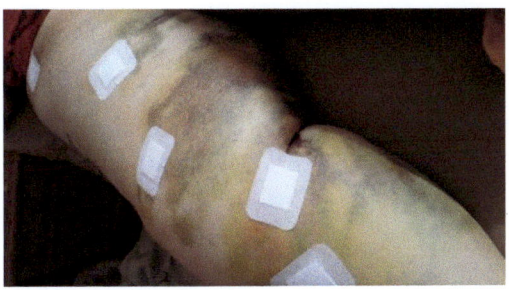

L´opération des jambes

« Ouvrez s´il vous plaît les yeux », une voix masculine me demandait de me réveiller.

Quelques secondes plus tard, je réalisais que je venais d´être opérée. Les douleurs dans les jambes étaient lancinantes, je savais que ça irait mieux à partir de maintenant.

L´anesthésiste me caressait la joue gauche : « Allez, ouvrez les yeux », sa voix était plus insistante.

J´essayais tout de suite de bouger mes jambes.

« Non, non, pas ça, tout doucement, on fera ça un peu plus tard.

J´entendais une voix féminine à ma droite.

Je sentais avoir été transportée de la salle d´opération à mon lit. Je regardais autour de moi. C´était terminé. J´avais été opérée et j´étais dans la salle de réveil.

J´avais froid, tout mon corps tremblait. Une autre couverture sur moi n´arrivait pas à me réchauffer. Mon état se stabilisa et j´étais à nouveau fatiguée. De temps en temps, je jetais un œil sur les appareils médicaux autour de moi, on me disait quelque chose mais je me rendormais déjà.

« Vos résultats sont bons. On va bientôt vous transporter dans votre chambre. »

L'infirmière aux cheveux blonds se pencha vers moi et fit un signe de la tête.

Un autre pas avait été fait. D'abord, l'opération, puis la salle de réveil. Quand je sortirais, je serais encore plus proche de la guérison, j'aurais fait un autre pas.

Les infirmières m'emmenèrent dans ma chambre. Mon mari et ma fille m'attendaient déjà. Leurs yeux étaient remplis de questions, ils semblaient tous les deux soulagés de me voir.

« Je vais bien, ça fait mal mais tout va bien, c'est supportable. »

Je savais très bien qu'ils étaient nerveux tous les deux et qu'il fallait que je les calme pour qu'ils ne se fassent pas de souci.

Mais j'étais si fatiguée que je n'étais pas capable de leur dire autre chose de plus. Je décidai simplement de dormir.

Dormir m'a toujours fait du bien. Quand j'étais malade, je faisais comme mon père. Il s'allongeait et dormait. Il s'allongeait pour se remettre sur pied. J'étais pareil que lui. Ma famille voulait rentrer à la maison. Je pouvais les comprendre. Je crois que Bernd et Merle n'avaient pas franchi le seuil de la porte que je dormais déjà.

Le lendemain matin, le chirurgien vint à mon chevet m'ausculter. Il avait pu extraire 6 litres de graisse lipœdème de mes cuisses.

« C'est plus que ce que j'aspire habituellement. Mais comme j'ai vu au cours de ces derniers mois que l'état de vos jambes se dégradaient, j'ai osé en accord avec l'anesthésiste. Je n'extrais pas autant de graisse normalement. » Il fronça le front.

« Mon dieu, mon dieu à quoi jouent vos hormones ? »

Il prit ma main et caressa avec son pouce le dos de ma main. Je fermais les yeux en signe d'affirmation. Je savais à quoi m'attendre si les hormones continuaient à jouer la comédie.

Que devais-je lui répondre ? Il m'avait aidé, c'était le principal pour le moment. Le reste ne comptait pas pour l'instant. Je voulais rentrer chez moi, à la maison, me remettre sur pied et voir si j'avais moins de douleurs, sentir une différence quand je marcherai. J'avais décidé de me faire opérer par WAL hydrojet. Deux choses se font en une étape dans cette technique d'opération. La patiente est sous anesthésie générale.

Je préférais être complètement endormie lors de l'intervention que de rester éveillée et de peut-être voir ce qui se passait.

J'admire les femmes qui décident de se faire opérer autrement et qui tiennent le coup avec une anesthésie locale ou en somnolence. Je ne pouvais pas et ne peux pas m'imaginer de devoir marcher moi-même juste après l'opération, de voir le liquide de tumescence qui sort de mes jambes. C'était une raison supplémentaire pour laquelle je m'étais décidée pour l'opération de liposuccion assistée par hydrojet.

La liposuccion assistée par hydrojet utilise grâce à des canules le flux sous pression d'une solution saline pour irriguer, déloger et enfin aspirer les cellules adipeuses. Cette technique est douce et très peu invasive. De plus, les petites incises occasionnées par les canules sont tout de suite cousues, contrairement à l'autre procédé où on laisse ouvert les incisions. Chaque femme touchée doit choisir en son âme et conscience la méthode qu'elle souhaite. C'est très bien qu'il existe ces deux méthodes d'intervention pour nous aider.

Mon mari m'accompagna à la maison. Enveloppée dans une couverture, les jambes surélevées dans la voiture, je dormis tout le trajet. Arrivés devant la maison, descendre de la voiture se montra ne pas être une mince affaire. Mes jambes étaient endolories, courbaturées. J'étais contente et soulagée mais complètement fatiguée quand j'ai monté l'escalier. Il fallait que je m'allonge pour me reposer.

J'avais sous-estimé la liposuccion. On prend souvent l'intervention à la légère dans les groupes de soutien. Style : aspirer, se réveiller, se sentir en pleine forme.

Mais c'était complètement différent. Les douleurs étaient à la limite du supportable. Certes, avec des médicaments, ça allait mieux. Mais à la façon dont les infirmières réagissaient quand je demandais des antidouleurs, je devais me résilier à accepter qu'il y ait peu d'antidouleurs pour alléger et soulager ce calvaire.

Je voulais ingurgiter le moins de médicaments possibles à la maison.

Avec du recul, je dois avouer que je ne sais pas pourquoi je voulais prendre le moins de médicaments possibles.

Surtout, quand il fallait mettre ou enlever le rectiligne, les douleurs étaient insupportables, un vrai enfer.

Je hurlais, je pleurais, j'étais à bout de nerfs quand mon mari m'enfilait le collant de compression. Aujourd'hui, j'ai de la compassion pour lui. Il devait m'aider d'un côté et d'un autre, savait qu'il m'infligeait un enfer.

Je m'étais achetée des médicaments homéopathiques que j'avalais pour que les hématomes s'estompent plus facilement. J'avais des compresses froides d'un format A4 sur mes cuisses contre le gonflement de mes jambes. De plus, je passais de la crème sur ma peau après avoir pris ma douche. C'était important pour moi d'aider au mieux mon corps dans cette phase.

Je dois avouer que ce que je vais écrire peut paraître bizarre. Mais j'avais des envies de femmes enceintes.

Mon corps voulait du poisson, du fromage blanc et des yaourts. Mon plat préféré était du fromage blanc avec des cornichons, de la moutarde, un peu de sel et du poivre. C'était exactement ce que je mangeais quand j'étais enceinte. Je ne voulais rien d'autre, j'adorais manger ça.

Je voulais être vite sur pied à nouveau. Ma journée commençait par le petit-déjeuner. Puis, j'enlevais la compression pour enfin me laver. Au début, j'étais encore inconsciente. Je m'empressais d'enlever la compression pour prendre ma douche. La tête commença à me tourner, je ne me sentais pas bien, proche de l'évanouissement. Mon corps n'était pas prêt à faire les deux en si peu de temps. Mon corps voulait aller plus lentement que ma tête. Alors j'enlevais lentement ma compression, je me reposai quelque peu et doucement, je pris la direction de la salle de bains pour enfin prendre ma douche. Après la douche, il fallait que je m´allonge et que j´élève mes jambes. Seulement après, je m´habillai. Mon corps ne voulait pas aller plus vite que la musique. Tout doucement, chaque chose en son temps, et chaque chose prenait son temps.

Jour après jour, je reprenais des forces, ma tête me tournait moins. J´avais moins souvent la sensation de tomber dans les pommes, de m´évanouir. Je pouvais aussi mieux marcher. Mes hématomes sur mes jambes passaient du violet à la couleur verdâtre. Malgré les douleurs dues à l´opération, je ressentais très vite que j´avais moins de douleurs, de lourdeurs, de pression dans les jambes. Au cours des semaines suivantes, j´osais me peser. Ce que je vis, me mit en pleurs. Je montais et remontais dessus pour voir si c´était bien vrai ce que le pèse-personne indiquait.

J´étais si perplexe que je suis allée chercher d´autres piles dans le placard et que mon mari devait changer les piles. Le chiffre inscrit sur le pèse-personne était le même. J´avais perdu du poids.

C´était un sentiment indescriptible, un moment inoubliable et magique. J´étais gaie comme un pinson. En l´espace de neuf semaines, j´avais perdu 23 kilos. Pourtant, je n´avais pas changé mon mode d´alimentation et je n´avais pas fait plus d´exercices physiques.

Mes jambes étaient peu à peu moins lourdes et je les sentais plus légères. De temps en temps, j´avais des fourmillements dans les jambes comme si une colonie de fourmis venait se rassembler. Jusqu´à maintenant, j´avais une zone bleue de 15 sur 20 centimètres sur mon tibia, l'endroit était devenu rouge clair, rosé. C'était pour moi le signe que j'avais une meilleure circulation sanguine. Mon pied droit était encore bien enflé et me faisait encore très mal. Quand j'avais beaucoup marché dans la journée, mon pied était dur et la partie enflée était plus grande que le matin.

Je savais que c'était un lymphœdème. Mon phlébologue avait constaté que le signe de Stemmer était positif. Au fond de moi, j'aurais voulu que mon dos de pied aille mieux. J'observais minutieusement son état les jours suivants.   J'étais soulagée de voir quand le dos de mon pied commença à désenfler.

Les semaines passèrent, une amie était frappée de voir que mes bras avaient aussi perdu en taille. Mes avant-bras semblaient moins boursoufflés. Elle avait raison. Mais pourquoi est-ce que mes avant-bras étaient moins gros alors que j'avais été opérée aux cuisses ? Je n'en ai aucune idée jusqu'à ce jour. J'avais le sourire aux lèvres. Les 4000 € avaient été bien placés. La caisse d'assurance maladie avait refusé de prendre en charge les frais de l'opération et j'avais tout déboursé de ma poche mais j'avais moins de douleurs depuis l'opération.

Je ne regrette à aucune seconde d'avoir pris cette décision.

Ma caisse d'assurance fait partie de celles qui refusent notoirement la prise en charge des coûts de l'opération. Elle s'appuie sur le MDK (service médical des assurances maladies) à Lunebourg. Ce service n'examine pas le patient mais seulement et exclusivement sur dossier. Donc cela signifie refus du dossier de prise en charge.

C'est ce qui s'est passé dans mon cas : les médecins là-bas n'examinent pas la nécessité ou l'urgence médicale pour prendre une décision. Ils se basent sur le GBA qui n'a pas encore pris de décision si l'opération doit être codifiée dans les prestations à rembourser.

En d'autres termes, les médecins du MDK ne se compliquent pas trop la vie. Ils savaient pertinemment selon-moi que mon dossier devrait être accepté mais ils préféraient se cacher sous les jupons du GBA en aidant la caisse d'assurance et ainsi selon eux à économiser de l'argent.

Je qualifiais et qualifie encore aujourd'hui cette décision d'erreur d'appréciation. Ma caisse d'assurance maladie avait refusé mon dossier de prise en charge des frais de liposuccion. Etant donné qu'on m'avait opéré entre-temps, il fallait que je fasse appel à la confédération sociale d'Allemagne (Sozialverband).

A mon étonnement, je ne devais pas m'attendre à grand-chose de la part de la confédération Sozialverband. Au lieu de m'encourager, je reçus une expertise juridique qui attestait que les caisses d'assurances avaient raison.

Moi, de mon côté, je cherchais des jugements et me référais à des cas juridiques pour appuyer mon dossier et que j'étais dans le droit d'obtenir une prise en charge.

Je remarquai très vite que l'avocat n'était pas intéressé pour m'aider. A ce jour, c'est à dire un an et demi après la liposuccion, nous n'avons échangé que deux lettres !

L'envie de m'aider est selon moi difficile à définir. Je ne me sens pas très représentée. Si j'écrivais le contraire, ce ne serait pas dire la vérité. Mais entre-temps, j'ai reçu la convocation du tribunal du contentieux social de me présenter dans quelques mois. Le rendez-vous pour l'audience juridique avait été fixé.

Jusqu'à présent, rien n'est clair. S'il faut avant me faire examiner, ou si mon cas sera examiné selon mon dossier.

J'espère du fond du cœur qu'on m'examine personnellement. Si ce n'est pas le cas et si je vois que nous perdrons, alors j'ai une idée qui me trotte dans la tête. Une idée que personne n'a encore eue pour l'instant. Mais peut-être qu'une ou deux membres du groupe d'entraide et de soutien peuvent se douter de l'idée.

Concernant le procès, je suis sur la dernière ligne droite. Ça m'est égal quel verdict tombera. Je me battrai puisque c'est ce qu'on m'a appris et c'est ce que je ferais : Me battre.

Puisque je ne devrais pas attendre beaucoup d'aide de la part de mon avocat, j'ai pris moi-même le taureau par les cornes. J'ai préparé un autre dossier pour une prise en charge d'une liposuccion aux bras. Bien-entendu, mon dossier a été examiné à Lunebourg puis au service médical MDK. Bien naturellement, mon dossier a été refusé. Là, je ne mis pas opposition, j'ai même retiré ma demande mais j'ai posé tout de suite un nouveau dossier. Cette fois-ci, mon dossier contenait une demande de prise en charge d'un lifting des bras plus une liposuccion. La caisse d'assurance se manifesta aussitôt. Elle demandait une expertise du service médical MDK à Lunebourg. Et bien que cette fois-ci, la caisse d'assurance examinait mon dossier, elle m'invitait à me présenter personnellement, le médecin là-bas examinait toutefois sur dossier écrit.

Et puis, mon dossier a été refusé.

Seulement, cette fois, c'était différent. Entre-temps, je m'étais habituée à envoyer toutes les lettres à la caisse d'assurance en recommandé avec avis de réception. Ainsi, je pouvais avoir la preuve que si la caisse ne répondait pas dans le délai de cinq semaines, je pouvais entreprendre des démarches juridiques contre ma caisse d'assurance.

J'avais misé de l'espoir dans cette procédure. Ma caisse d'assurance dépassa le délai selon la loi §13 SGB V. Cette loi décide que pour tout silence sur demande vaut accord dans un délai de trois semaines et que les caisses d'assurance doivent décider s'il y a prise en charge ou pas. Si les caisses ne peuvent pas décider sans consultation du service médical MDK, alors la caisse d'assurance a cinq semaines de délai.

A ma plus grande surprise, ma caisse d'assurance mit plus de cinq semaines pour traiter mon dossier. Je pouvais donc faire appel en m'appuyant sur la loi du §13 SGB V. Mais ma caisse d'assurance ne serait pas ma caisse d'assurance si elle suivait les directives de cette loi. Elle se manifesta sous forme écrite d'un style déterminé et ferme. Entêtée, elle refusait catégoriquement la prise en charge et donc le remboursement.

Je chargeai un très bon avocat de Francfort sur le Main qui est spécialisé dans les dépassements de délais dans la législation relative à la sécurité médicale. Après avoir minutieusement examiné mon cas, il me conseilla de porter plainte.

Mon assurance de protection juridique avait entre-temps certifié la prise en charge des frais. Et donc, je pus porter plainte.

Et parce que c'était tellement bien et intéressant, je posai encore un dossier pour une prise en charge de trois liposuccions aux jambes. Bien naturellement, le service médical MDK devait examiner mon dossier. Bien-entendu, on refusa mon dossier.

Et là aussi, le délai de cinq semaines avait été dépassé. Rebelote, je contactai mon avocat de Francfort et mon assurance de protection juridique donnait de suite son accord pour une prise en charge.

Qu'est-ce que je voulais de plus ? Je me battais puisqu'on ne me laissait pas le choix de faire autrement.

Quand je réfléchis bien à ce que la caisse d'assurance débourse pour moi, j'ai du mal à en rester coi. J'ai de la peine à comprendre cette obstination ... presque maladive de la caisse d'assurance maladie.

 Même le médecin du service médical MDK a communiqué à la caisse d'assurance qu'il avait fait au moins neuf expertises et qu'elle était priée de donner un avis définitif.

Pendant que j'écris ces lignes, je remarque que mon cœur bat plus vite que d'habitude. Je pourrais pleurer de colère. J'ai en tête des conversations avec les employées de la caisse d'assurance qui me faisaient part de leur avis.

Je me souviens d'un entretien téléphonique avec une employé de la caisse maladie. Après lui avoir demandé pour quelles raisons elle refusait mon dossier en tant que femme, elle se montra peu compréhensive et me répondit : « Je travaille depuis seize ans dans cette caisse. Une de mes amies, elle-même souffre également d'un lipœdème. Entre-temps, elle a maintenant en plus un lymphœdème. Je peux m'imaginer ce que vous endurez. Mais il ne me viendrait pas à l'esprit d'accepter une liposuccion. Je ne l'ai jamais fait et je ne le ferai jamais. »

Je m'en souviens comme si c'était hier. J'étais ahurie d'entendre ces propos.

« Il faut vraiment être une personne odieuse pour faire ce genre de choses » m'entendis-je rétorquer encore sous le choc.

J'entends encore son rire strident au bout de l'appareil. C'était comme une belle raclée pour moi. Je me garde de dire ce que je pense de cette femme.

J'ai donc trois requêtes et plaintes auprès de ma caisse d'assurance. Je me suis fait opérer une deuxième fois avec le lifting aux bras pour faire retirer l'excès de peau. J'en suis très reconnaissante d'avoir pris cette décision. Grâce à la liposuccion, j'arrive mieux à me déplacer. Je peux enfin aller au cinéma avec les enfants. Je peux tenir quatre-vingt-dix minutes assises sans que mes jambes me terrorisent.

Je sais en sortant du cinéma ce qui s'est passé et je peux discuter du film avec mes enfants. Ce qui m'était impossible de faire avant la liposuccion. A cause des douleurs atroces, j'étais focalisée sur mes jambes et mes bras. Comment les bouger pour avoir le moins mal possible, le film passait au second plan.

Maintenant, c'est différent. Je peux aller au restaurant et m'y attarder. C'était à la fin de mon calvaire une chose impossible. S'assoir pour manger une glace était un supplice mais aussi un faux pas. J'avais des difficultés à supporter les douleurs.

Je peux maintenant faire une pause après une promenade, m'asseoir quelque part et m'y attarder sans que mes jambes me fassent mal et me rendent folle. Avant la liposuccion des cuisses, je faisais seulement 42 000 pas par mois. Aujourd'hui, j'en fais 195 000 pas.

Mon objectif est de dépasser les 200 000 pas. Après ma deuxième liposuccion aux bras et lifting, je peux enfin me sécher les cheveux toute seule. Je peux tenir quelques instants le sèche-cheveux au-dessus de ma tête.

Je peux téléphoner sans devoir changer régulièrement le téléphone de main. Ce que toutefois, je ne referais plus, c'est deux opérations en une intervention. Une liposuccion des bras et en même temps un lifting doit se faire l'une après l'autre et pas en même temps, pas ensemble. Je m'étais fixé l'objectif d'être sur pied en l'espace de trois semaines.

Cela ne m'a pas été possible. Mais ce qui est intéressant, c'est que je pris brutalement du poids après la deuxième liposuccion.

Si j'avais très vite perdu après ma première liposuccion des jambes, je perdis cinq semaines après la deuxième liposuccion 5 kilos en l'espace de six jours. Et puis après, mon poids se stabilisa. Quelques jours plus tard, je prenais 9 kilos en l'espace de 15 jours. Je mets cette prise de poids sur le compte de la ménopause.

J'ai beaucoup de mal à maintenir mon poids et à en perdre. Selon les médecins, chez lesquels j'avais rendez-vous, et chez ceux où je me suis présentée et faite ausculter, j'ai encore sept liposuccions à faire. Sept seulement aux jambes.

Je ne pourrais pas me le permettre financièrement. Je ne peux pas non plus attenter cela à mon corps. Je n'ai plus 20 ans. Les phases de guérison et de récupération sont plus longues et plus difficiles. J'ai passé les ¾ de ma vie avec le lipœdème. J'en ai souffert moralement et physiquement.

Je n'aurais jamais de belles jambes. J'aurais très certainement des douleurs tout le restant de ma vie. Mais, peut-être qu'il me sera possible un jour de pouvoir faire une longue promenade ou excursion. Peut-être que j'arriverais à faire du vélo malgré mon genou en piteux état.

L'espoir faire vivre. Et parce que je suis bornée, je vais continuer à me battre.

Et si ce n'est pas pour moi, alors c'est pour toutes ces femmes, encore jeunes, touchées par le lipœdème. Pour toutes ces femmes qui veulent d'abord vivre leur vie et qui ont le droit d'être mieux traitées que moi.

Et puis, je me bats aussi pour ma fille à qui j'ai donné, à qui j'ai transmis héréditairement la maladie. Je me sens tellement coupable et je lui dois bien ça. Comme j'aurais voulu que la maladie ne se dessine pas sur elle à la puberté. J'ai très vite reconnu les premiers signes. Merle le sait et arrive très bien à vivre avec. Ce n'est pas encore un fardeau, un poids pour elle. En faisant le bilan, j'ai pu faire bouger un peu les choses.

J'exploite chaque occasion pour informer les gens sur la maladie. J'écris aux chaînes de radio pour qu'elles parlent du lipœdème, pour qu'elles fassent des reportages.

Il y a quelques mois, une radio avait lancé une discussion sur l'obésité. Des médecins parlaient de la maladie pendant une matinée. On pouvait envoyer ses questions par émail et les médecins y répondaient en direct à la radio. Je pris cette occasion comme une aubaine pour glisser le sujet du lipœdème et écrivit un émail. « Est-ce qu'on peut réduire le lipœdème en se faisant poser un anneau gastrique ?» demandai-je incrédule.

Bien-sûr que ce n'est pas possible, je le sais bien. Mais, on pouvait ce jour-là poser des questions aux médecins, alors, j'en profitai pour mentionner le nom de la maladie.

C'est ce que je veux. Qu'on s'intéresse à la maladie, que les gens et les médecins soient sensibilisés à la maladie et à nous, femmes touchées. Chacun de nous peut faire bouger un peu les choses.

J'étais maintenant plusieurs fois dans le journal. J'étais aussi à la radio, deux fois à la télé. Je suis sur Twitter et sur Instagram. Il y a quelques temps, j'ai participé à un concours chez Ulla Popken, un magasin de mode féminine pour grandes tailles. Il s'agissait de faire le design de la couverture d'un catalogue en y mettant sa photo et un titre dessous.

J'y ai mis une de mes plus belles photos bien-entendu et comme titre j'ai écrit : « Mode pour dames touchées pour le lipœdème. J'espérais ainsi sensibiliser et informer les affres de cette maladie avec la couverture pendant quelques semaines. Je pense que j'ai réussi.

Le groupe Lily Wendland a sa propre page Facebook. Mon association d'entraide se rencontre une fois par mois pour échanger des informations sur des thèmes variés.

J'écris aussi un blog sur le lipœdème et le quotidien avec le lipœdème.

Et maintenant j'écris ce livre. Pourquoi ? Parce que je voudrais montrer que la vie avec le lipœdème peut être difficile, affreuse à vivre quand on a su trop tard qu'on est touchée par cette maladie.

Peut-être qu'on pourra aider un jour ces femmes touchées. Peut-être qu'elles pourront avoir moins mal. Peut-être qu'elles ne devront plus porter de vêtements compressifs. Peut-être qu'elles n'auront plus besoin de vêtements compressifs. Peut-être qu'elles n'auront plus besoin de drainage lymphatique manuel.

Qui sait ce que l'avenir nous apportera. Quels seront les progrès de la science. C'est pourquoi il faut que les femmes touchées parlent de la maladie.

Cela veut dire se surpasser et accepter la maladie. J'ai dû faire un bout de chemin ardu, tortueux, sillonné de beaucoup d'embûches mais je continuerai ce chemin car je suis sur la bonne route. Je n'ai pas envie de perdre.

Acceptons de nous battre. Ensemble, on y arrivera. Nous sommes des femmes touchées par le lipœdème. Nous sommes belles, uniques et des battantes. Nous sommes spéciales.

Appendice. Qu'est-ce que le GBA ? Il existe en Allemagne 70 millions d'assurés. Les soins médicaux et les prestations que nous percevons des caisses d'assurance maladie sont listés, catalogués dans un livret de prestations remboursées.

Quels soins et quels traitements seront pris en charge par les caisses d'assurance. C'est ce que décide le GBA.

Le GBA est le plus haut comité fédéral d'ordonnance des hôpitaux et caisses assurance, des médecins, des dentistes et des psychothérapeutes et de leurs administrations.

Le V ème code de la sécurité sociale allemande (SGB V) est la législation du GBA. Le siège du GBA se trouve à Berlin,

Pour plus d´informations : https://www.g-ba.de

Remarques sur le sujet de la prise en charge des frais de liposuccion

Le GBA voit une potentialité que la liposuccion puisse aider les patientes touchées par le lipœdème. Afin de prendre une décision juste et adéquate, le GBA a décidé de lancer des études dans toute l´Allemagne. Au bout de cinq ans d´études et d´examens, une décision sera prise. Quand je pense quel âge j´aurais dans cinq ans, je peux faire une croix sur une possible prise en charge. Toutefois, on remarque que, dans les groupes de soutien et d´entraides, de plus en plus de caisses d´assurances acceptent les dossiers de prise en charge et les refusent de moins en moins. J´ai donc toutefois une petite lueur d´espoir qu´on rembourse mon opération.

Forums et groupes de soutien et d´entraide

Il existe beaucoup de forums et groupes de soutien et d´entraide. Je me réfère à l´association Lipödem-Hilfe-verein qui sensibilise, informe sur le lipœdème, sur les méthodes conservatrices et sur les cliniques spécialisées. Madame Telher et Madame Bergert se tiennent à votre disposition.

www.lipoedem-hilfe-ev.de

Régime alimentaire

Il serait prétentieux de faire une liste concernant ce que l'on devrait manger et quand. J'aimerais simplement partager mes propres observations. Renoncer à manger des produits à base de blé. J'ai remarqué que manger des protéines et limiter les glucides le matin au petit-déjeuner me réussissaient, me faisaient du bien.

Au déjeuner, du poisson ou de la viande avec des légumes à volonté et une petite portion de pâtes, de riz ou de pommes de terre. Au dîner, une salade avec des légumes comme par exemple : des concombres, des tomates, ou des champignons.

Je fais ma vinaigrette à base d'eau, d'huile et d'épices. J'aime bien manger de la salade avec du thon ou des crevettes. Bien-sûr, on peut manger du poulet ou de la dinde. J'ai remarqué que je me sens mieux quand j'ai mangé la veille au soir du fromage blanc.

J'essaie de manger trois fois par jour. Si j'ai une petite faim entre les repas, je fais attention de manger soit des légumes soit quelque chose avec des protéines.   Ca me réussit le mieux et j'arrive mieux à les digérer.Depuis, je fais moins de rétention d'eau. J'évite d'utiliser du sucre. J'utilise de la stevia ou du sucre de bouleau.Quand je fais un gâteau, j'utilise pour la pâte de la farine de noix de coco ou d'amandes.Ce qui est primordial même si je n'y arrive pas tous les jours : boire beaucoup. Je préfère le thé ou de l'eau du robinet.

Sport

Ne nous voilons pas la face. Pratiquer une activité physique est important pour nous, pour notre corps et notre tête. Toutefois, plus la maladie a atteint un stade avancé, plus il est difficile aux femmes touchées de pratiquer une activité physique en raison des douleurs occasionnées par le lipœdème. C'est la raison pour laquelle, il ne faut pas s'étonner de ne pas nous voir en faisant un petit jogging de 10 km. Je tiens à remarquer qu'il est difficile de faire du sport pour les femmes dont le lipœdème est très avancé. Pour les femmes qui viennent d'être diagnostiquées et dont le stade n'est pas encore avancé, les sports aquatiques sont recommandés. La pression de l'eau est comme un drainage lymphatique. Je remarque qu'il me faut aller plus souvent aux toilettes après avoir nagé. Mes jambes sont plus légères ces jours-là.

L'aquajogging et la marche sont bien. Une chose à souligner : Que ce soit pour faire une promenade, une excursion, de la marche, quel que soit le sport pratiqué, pratiquez ce sport (à l'exception des sports aquatiques) toujours avec des vêtements compressifs. Je tiens à remercier sincèrement ces personnes pour leur soutien :

Dr. Mario Brandenstein Médecin spécialiste en chirurgie esthétique et plastique à Düsseldorf

Dr. Nicole Langner

Germaniste et psychologue (M.A.)

Henry Schulze

Thérapeute lymphatique engagé d'Augsbourg (Allemagne)

Bauernfeind AG

Fabricant de produits médicaux ,Zeulenroda-Triebes (Allemagne)

Lipödem Hilfe e.V.

Marion Tehler und Peggy Bergert ,32369 Rahden

Lipödem Mode

Carolin Sprott

Auteure .Je tiens à remercier plus particulièrement :

Aylina Krahn

de la région du Wendland (Allemagne) et membre du groupe lipœdème et lymphœdème Wendland Lilys.Pour sa collaboration comme modèle sur la couverture du livre. Aylina est toujours à mes côtés quand je fais appel à sa collaboration et me soutient à chaque occasion possible.

Bianca Hoppe, Holtorf

Membre du groupe lipœdème et lymphœdème Wendland Lilys qui se tenait à disposition pour pouvoir montrer les gestes du drainage lymphatique manuel. Un grand merci pour avoir mis à disposition des photos personnelles et pour son soutien dans le combat de sensibilisation et d'informations face à la maladie.

Maike Sindermann

Membre du groupe lipœdème et lymphœdème Wendland Lilys qui m'encourage et qui me donne de la force. Un grand merci pour ton amitié.

Au premier coup d´œil :

Vous mangez trop ! Perdez du poids et faites du sport !

Petra a dû endurer toute sa vie ces phrases dites par les médecins et par son entourage. Toutefois, ce n´est pas si simple pour une femme touchée par le lipœdème. Les femmes atteintes du lipœdème (phénomène des jambes lourdes) sont méprisées, humiliées et offensées face à une maladie qui est encore très peu connue aujourd´hui. *Lipœdème-aimer, vivre, pleurer,* est un récit poignant où Petra Jahrend y livre les affres de la maladie qu´elle subit tout au long de ses 40 dernières années. L´auteure explique de façon remarquable et bouleversante les douleurs occasionnées par le lipœdème, mais aussi les difficultés du quotidien avec la maladie. Mais, malgré tout, comment elle garde sa joie de vivre.

Dans ce livre, des thérapeutes et des médecins informent sur la maladie du lipœdème et sur les méthodes de traitement possibles.

Quelques mots sur Petra Jahrend:

Petra Jahrend est née en 1965 dans la région idyllique du Wendland à Lüchow en Allemagne. Elle est mariée et a deux enfants. Pendant des années, l'auteur souffre sans avoir pour autant un diagnostic de la part des médecins. Seulement après le deuxième accouchement de la jeune femme, le diagnostic tombe enfin : lipoedème.

Depuis 2015, Petra Jahrend dirige un groupe de soutien et d'entraide pour les femmes touchées du lipoedème et du lymphoedème. Elle décide de s'engager à rendre public la maladie quand sa fille, elle aussi, est touchée par la maladie. Petra Jahrend écrit un blogue, a une page Facebook « Lipödeme lieben leben weinen » et on peut la suivre sur Instagram, Twitter et Google plus activ.

Par le biais de son travail de relations publiques, plusieurs médias ont pu parler et écrire sur la maladie du lipoedème.

 Son crédo : si je peux aider seulement une femme touchée par le lipoedème grâce à mon livre, alors mon objectif aura été atteint.

Un petit plus :

Grâce à mon travail dans les relations publiques, j'ai l'opportunité de rencontrer des personnes merveilleuses. J'ai la chance tous les jours de faire la connaissance de personnes incroyables qui enrichissent ma vie. J'ai pu ainsi réaliser que je n'étais pas seule face à la maladie. Une de ces personnes merveilleuses et qui a gagné mon cœur est Laëtitia Daviet.

Je la remercie pour la traduction en français et ainsi de la parution de mon livre en France.

Si je peux démontrer à seulement une femme en France que la vie avec le lipoedème peut être enrichissante, alors grâce à l'amour.

Et n'oubliez jamais : nous sommes plus que le lipoedème, nous sommes belles et attractives.

Tête haute, soyez sûre de vous et souriez à la vie, à votre vie.

La vie est belle puisque nous sommes belles !

Laëtitia Daviet est aussi touchée par la maladie du lipoedème. En lisant le livre de Petra Jahrend, elle voit des milliers de femmes françaises souffrant de cette maladie trop souvent encore inconnue en France.

 Mettre enfin un mot à ces douleurs, réaliser que les femmes touchées du lipoedème ne manquent pas de discipline voilà le but de la traduction de ce livre. La maladie du lipoedème a toutefois une chose positive : la rencontre inoubliable avec Petra Jahrend.